Autobiographie

von

Irmgard Harras,

auch

im Bereich des Übernatürlichen

Autorin des Buches:

»Marie und das Fräulein von der Brandenburg –
Vampire«

Einer Bekannten erzählte ich einiges von meinen Erlebnissen. Sie meinte, es wäre wie ein
Film. Es ist wirklich wie ein Film, insbesondere
die übernatürlichen Begegnungen.
  (Hollywood-reif?) Wer es nicht glaubt, möge
es lesen.
  Es ist nur eine Biographie, deshalb un-
geschmückt.
  Einfach erzählt. Das Böse von Menschen, die
mir nahestehen, ließ ich weg, jedoch von mir
nicht.
  Möge mir Gott verzeihen, da ich auch das Gute
von mir erwähne.

Irmgard Harras

Autobiographie von Irmgard Harras, auch im Bereich des Übernatürlichen

Bibliographische Information der Deutschen Bibliothek
Die Deutsche Bibliothek verzeichnet diese Publikation
in der Deutschen Nationalbibliographie; detaillierte
bibliographische Daten sind im Internet über
http://dnb.ddb.de abrufbar.

Herstellung und Verlag: Books on Demand GmbH

ISBN: 978-3-7583-8713-5

Inhalt

Kindheit

Es war frühs, ca. 8:30 Uhr. Oktober 1947.

Ich wurde von meiner Schwester bei der Geburt herausgedrängt, sie sollte schon immer die Stärkere sein.

Vielleicht wollte ich mich auch vordrängeln. Als ich vier Jahre zählte, sagte man mir, ich sähe wie ein Püppchen mit meinem roten Mund aus. Was der Spiegel bestätigte. Mit fünf versuchte ich meinen achtjährigen Bruder zu küssen. Niedlich war er mit seinen dunklen Locken und braunen Augen. Doch er lief davon, ich sah ihm weinend nach.

Ich liebte alle niedlichen Tiere auf dem Bauernhof, egal wie alt ich als Kind war, ich küsste sie auf die Stirn. Ob Katze, Hund, Kälbchen, das kleinste Ferkelchen – einen Tag nach seiner Geburt, auch Küken. Kätzchen nahm ich in die Arme und schmuste mit ihnen. Einem anderen Hund gefiel es nicht. Ich ging bereits zur Schule (1. oder 2. Klasse). Es war kein Kuschelhund, schwarz mit kurzem Fell, spitzer Schnauze. Er biss mich unter der Nase. Eine kleine Narbe ist noch heute zu sehen, aber nur wenn man genau hinsieht. Auch da beschützte mich bereits Gott durch meinen Schutzengel, obwohl ich noch nichts von Ihm wusste. Oma betete für uns.

Ein Kälbchen streichelte ich, wenn es meine Mutter fütterte. Mein Kuss landete auf des Kälbchens Stirn. Meine Schwester, meine Cousine und ich waren sehr traurig, als das Kälbchen eines Tages abgeholt wurde.

Eines Tages, ich war sieben, hörte ich Kinder außerhalb der Hoftür kreischen. Ich trug mein schönstes Kleid. Es glich einem Dirndl, grün mit einem sehr schönen bunten Muster. Neugierig öffnete ich die Tür, stellte mich draußen davor. Ich sah etwas, was mir nicht gefiel. Jungen, etwa zehn Jahre, ärgerten einen älteren Mann. Sie machten sich über ihn lustig, weil er in Pfafferode (so nannten sie es früher) Stadtteil von Mühlhausen war. Ihrer Ansicht nach war er verrückt. Ich fand die Jungen frech. Der Mann tat mir leid. Ich konnte ihm nicht helfen. Ich war noch zu klein. So lernte ich zum ersten Mal das »Böse« kennen.

In der 1. Klasse konnte ich nicht so gut lesen wie meine Schwester Ursula. Vor einem Diktat kratzte ich, es war das erste Mal, mit dem Schieferstift sehr stark auf meine kleine Schiefertafel das Diktat, was wir den kommenden Tag in der Schule schreiben sollten. Alles wischte ich weg, die Schrift war für mich noch zu sehen. Die Lehrerin bemerkte es nicht. Ich bekam eine Eins.

Da ich unbedingt im Lesen besser werden wollte, also auch im Schreiben, las ich jeden Sonntag im Bett bis zum Mittag Märchen. Die Lehrerin wunderte sich über mich. Das Lesen hatte ich mir selbst beigebracht.

Wir gingen bereits zur Schule, zweite Klasse. Ich fand mich nicht mehr niedlich, obwohl ich einen dunkelroten schmalen Mund mit vollen Lippen mein Eigen nennen durfte. Dunkle wellige Haare schmückten meine helle Haut.

Zweimal in meinem Leben nannte man mich Schneewittchen, als ich mit 25 Jahren im Krankenhaus lag und mit 34 als junge Frau von einem Verwandten meines Mannes.

Doch zurück zu meiner Schulzeit.

Ich bekam eine neue Freundin aus unserer Klasse, indem meine Schwester und ich sie vor zänkischen Klassenkameradinnen bewahrten. Auf dem Schulhof griffen sie sie mit bösen Worten an, stupsten sie. Ich bekam es mit. Noch nie konnte ich es leiden, wenn Menschen ohne Grund schlecht behandelt wurden.

Diese Eigenschaft lag in unserer Familie in den Genen. Ich griff ein, stellte mich vor sie, um sie vor den ungerechten Mädchen zu schützen. Ich fühlte mich stark, hatte ich doch meine Zwillingsschwester hinter mir. So wurde Roswitha meine Freundin. Später erzählte sie mir, es wäre nur eine gewesen, die sie angriff. Die anderen standen da, guckten nur zu. Ich sah etwas anderes, was ich bereits erwähnte. Roswitha und ich verstanden uns gut.

Heuhöhle

Eines Tages spielten wir verstecken mit meiner Cousine sowie meiner Schwester. Meine Freundin folgte mir in die Scheune, wo viel, sehr viel Heu ausgebreitet und hoch lag. Dort hatte ich bereits eine kleine Höhle an die Wand in das Heu gegraben mit kurzen Seitengängen. Holzbretter lagen auf der Höhle, damit das Heu, welches die Bretter bedeckte, sie nicht vergraben konnte. Wir versteckten uns links sowie rechts an der Wand, vom Heu vor Eindringlingen geschützt. Meine Schwester, meine Cousine suchten uns, steckten ihre Nase in die Heuhöhle. Sie wussten nichts von den Seitenverstecken, gingen daraufhin fort. Roswitha und ich lachten, krochen aus der Höhle. Wir hatten gewonnen.

Unser Bauernhof war groß (ist er noch), mit Heu-Strohscheune, Backhaus (was heute eine ausgebaute Pension ist), Ställen, Böden, Garten, einem großen Wohnhaus. Zu uns kamen gerne unsere Schulkameradinnen, sie konnten gut bei uns spielen. Besonders wohl fühlten sie sich im Grasgarten sowie Böden über den Ställen, dort tobten sie sich aus.

Russen

Wir drei Mädchen, meine Schwester Ursula, meine Cousine und ich spielten auch außerhalb des Dorfes. Wir waren acht oder neun Jahre. Auf einmal kamen Russen hinter den Büschen hervor. Ein Schrei von uns durchdrang die Luft. Erschrocken liefen wir davon. Beruhigende Worte ließen sich vernehmen. Es war ein russischer Offizier. Ich weiß es nicht mehr genau. Jedenfalls war es kein Soldat. Wir sahen ihn an. Doch unsere nun langsamen Schritte führten uns nach Hause.

Langeweile kannten wir nicht. Wir dachten uns immer etwas Neues aus. Sogar Circus spielten wir, mit einer Plane. Aus ihr bauten wir ein großes Zelt im anliegenden Grasgarten, wo auch schöne farbige Blumen blühten. Kinder besuchten uns. Wir liefen oft durch alle Scheunenböden hintereinander hinweg. Sprangen ins Heu, was Spaß machte. Liefen weiter übers. Stroh und sprangen schließlich von einem breiten Holzbalken wieder ins Heu.

Ilona St. von schräg gegenüber besuchte mich manchmal in der Kinderzeit. Auch mit ihr spielte ich gerne.

Meine Kindheit bestand auch darin, ab und zu meine Oma Helene und meinen Opa in Gotha zu besuchen.

Sie fuhr mit mir in die Sächsische Schweiz, die mir sehr gut gefiel. Besonders von den Felsen war ich angetan, wo wir hinwanderten.

Beim Wandern erzählte mir Oma von Jesus Christus, seinen guten Taten. Mir gefielen die Wunder. Noch mehr wollte ich von Ihm hören. Sie erzählte weiter. Es war sehr interessant. Seine Liebe grub sich in mein Herz.

Ich zählte zehn Jahre.

Ausgerissen

Einen Sommer danach fuhr sie nicht mit mir in die Sächsische Schweiz. Zweimal war meine Oma mit mir dort gewesen. 1956 und 1957. Ich war enttäuscht, langweilte mich in Gotha. Ich schrieb Mutti, mich abzuholen. Ich wartete Tage, sie kam nicht. Einen Entschluss fasste ich mit meinen elf Jahren, wartete bis 23.00 Uhr. Meine Oma war eingeschlafen. Schleichend entfernte ich mich aus dem Haus. Lief zu Bekannten, die in der Nähe wohnten, klingelte. Ich hatte Glück, die Mutter von den beiden Mädchen ließ mich zur Tür herein. Wir kannten uns gut. Sie hatten uns ab und zu in Lauchröden besucht. Ihre Mutter hatte nach dem Zweiten Weltkrieg bei meinen Großeltern in Lauchröden gewohnt und gearbeitet. Aus Ostpreußen war sie geflohen. Ihre Kinder, etwas jünger als ich, waren unsere Spielkameraden, wenn sie uns besuchten. Jedenfalls wurde mir die Tür von der Freundin meiner Mutter geöffnet. Sie war auch die Freundin meiner Tante. Ich schlief dort. Tags darauf fuhr ich mit dem Zug, anschließend mit dem Bus nach Hause. Es machte mir nichts aus. Schließlich war ich schon oft mit meiner Mutter von

Lauchröden nach Gotha gefahren. Ich kannte mich aus. Meine hübsche Mutter, ich nannte sie Mama, wunderte sich über mein alleiniges Auftauchen. Sie hatte dunkle wellige Haare, einen schönen Mund mit vollen Lippen. Sie wollte mich bald von Gotha abholen, gestand sie mir. Froh war ich, wieder zu Hause bei meinen Geschwistern und Tieren zu sein. Auch wenn wir mit auf den Feldern Heu wendeten (was ich gerne tat), Rüben verzogen, Kartoffeln auflasen, mit in Haus und Hof halfen. Mit Geschwistern ist auch meine Cousine gemeint.

Kurz nach dem Ausreißen, aus dem für mich langweiligen Gotha, kam ein Brief mit der Nachricht, mich nie wieder aufzunehmen. Meine Oma hatte mich gesucht, vergeblich bei meinen Bekannten geklingelt. Es tat mir leid, da sie sich auf der Suche nach mir aufregte. Ich war fast zwei Wochen bei ihr, durfte nur einmal mit Marion und Brigitte spielen, die Kinder der Bekannten, wo ich eine Nacht schlief, bevor ich von Gotha nach Lauchröden fuhr. Jedenfalls war es mir recht, meine Oma und meinen Opa in Gotha nicht mehr zu besuchen. In der Sächsischen Schweiz (Elbstandsteingebirge) gefiel es mir, doch nicht in Gotha. Außer das Museum, die Orangerie mit Blumen und Waldpark.

Katzenhebamme

Als ich zwölf Jahre alt war, sah ich, wie unsere hübsche grau-weiß gefleckte Katze, Micki genannt, auf dem Sofa in der Küche lag. Sie war dabei, Kätzchen zu gebären. Es war ein altes Sofa. Ich beobachtete alles. Für mich war es interessant. Micki fraß die Nachgeburten ab, damit die Kätzchen frei wurden. Ein Kätzchen schnappte nach Luft. Es war in einer Blase gefangen. Micki schaffte es nicht, das Kätzchen von der Nachgeburt zu befreien. Ihre Kinder kamen schnell. Ich war froh, dem Kätzchen helfen zu können. Mit meinen bloßen Händen zerriss ich die Blase, freute mich über das Leben des Kätzchens.

Eines Tages verschwand unser kleines Katerchen Muschi. Unsere Katzen waren immer weiß mit grauen Flecken. Im Gesicht des Kätzchens zeichneten sich die grauen Flecken links und rechts oberhalb der wunderschönen Augen sichtbar ab. Meine Cousine, meine Schwester Ursula sowie ich suchten bei der Rimbachs Mühle, außerhalb des Ortes. Wie ich in Gedanken auf die Mühle kam, weiß ich nicht mehr. Es kann nur mein

Engel gewesen sein, er lenkte mich. Wir riefen das Katerchen. Ein klägliches Mauzen klang uns entgegen. Wir fanden unsere liebe Muschi. Ich nahm sie in meine Arme. Sie schmiegte sich an mich. Unterwegs hielten uns zwei Grenzer an. Einer von ihnen winkte mir zu, er wolle das Kätzchen betrachten. Was er nicht tat, er hatte nichts weiter zu tun, als meinen roten Mund anzusehen. »Kussmund«, sagte er zum anderen. Ich war erst zwölf Jahre. Wir fuhren nach Hause.

Grenzer

Ich zählte circa zwölf Jahre. Wir bekamen von der Grenzkompanie Hilfe, Stroh in die Scheune zu bringen. Ich glaube, es waren fünf Soldaten. Neugierig wollte ich sie betrachten. Einer von ihnen fiel mir auf. Er schwitzte, ruhte sich aus. War fix und fertig, rieb sich den Schweiß aus dem Gesicht. Er war ein dunkelhaariger Schönling mit braunen Augen. Mitleid ergriff mein Gemüt. Ich lief fort. Er brauchte unbedingt etwas zu trinken. Er freute sich, als ich ihm eine Flasche Wasser brachte. Wenn ich so darüber nachdenke, ich hätte jedem was zu trinken bringen müssen. Mutti tat es.

Jugend / ... bevor ich ins Jenseits ging

Die Kindheit in Lauchröden war schön. Wir spielten auch in dem Flüsschen Elte, schwammen darin. Suchten Pilze im Wald, pflückten Beeren im Garten bei der Werra, besuchten die Brandenburg Ruinen, die in der Nähe des Dorfes einen Wald- und Wiesenhügel verschönten. Ab und zu kam auch ein kleiner Zirkus in unser Dorf, wo wir uns mit einem Mädchen anfreundeten. Wir zeigten ihr die Gegend um Lauchröden, besuchten die Brandenburg. Aber bald zog der Zirkus weiter. Sie musste fort.

Wir fuhren auch gerne mit den Fahrrädern die Serpentine bergab Richtung Neustedt zu Christel M., um sie zu besuchen. Sie war eine gute Freundin. Im Alter von 14 Jahren kam sie auch zu uns nach Lauchröden. Ab dem 13. August 1961 war alles vorbei. Wir konnten uns nicht mehr sehen.

Eines Tages, wir hatten im Wald Pilze gesammelt, fuhren wir mit den Rädern nach Hause. Der Weg führte bergab Richtung Lauchröden. Da viele Steine auf dem Weg lagen, meine Schwester zu schnell fuhr, flog sie über das Lenkrad auf die Steine. Ihr Kiefer wurde verletzt. Meine Cousine fuhr vorsichtiger. Ich als Dritte beobachtete alles. Ob ich langsam fuhr oder das Rad schob, weiß ich nicht mehr. Meine Schwester hob ihr Rad auf, setzte sich auf den Sattel und bewegte sich fort.

So ging mit meinen Geschwistern die Kindheit dahin. Jahre zogen ins Land. Da wir nun Jugendliche waren, spielten wir ab und zu mit unseren Klassenkameraden Flaschendrehen. Ob sich alle Mädchen und Jungen beteiligten, weiß ich nicht mehr. Es ist zu lange her. Ich hatte Glück, meine Flasche, die sich drehte, zeigte immer auf einen Jungen, der mir gefiel. Es waren hübsche Jungen, die mich auf die Wange küssten.

Eines Tages floh ich vor einem wasserspritzenden Klassenkameraden auf dem Schulhof. Mit der Brust fiel ich auf einen Schrotthaufen. Nach Luft ringend schleppte ich mich zur Hofmauer, fiel um. Bevor ich ins Jenseits ging, holte mich der Lehrer Künholt zurück. Ich war zu benommen, um zu erkennen, wer mich über die Straße ins Haus führte. Doch erkannte ich, es war meine gute Mutter, die mir in Omas Bett half, um allmählich zu mir zu kommen. Ich erfuhr von meiner Schwester Ursula, sie war aufgeregt zu unserer lieben Mutter gelaufen, rief immer wieder meinen Namen. Mehr konnte sie nicht sagen, so aufgekratzt war sie. Sie hatte Angst um mich, glaubte, ich würde sterben. Auch erfuhr ich von einer Schulkameradin, die neben mir stand, als ich fiel, dass sie ihr Brot vor Schrecken fallen ließ. Mir tat sie leid, denn sie aß gerne und hatte meinetwegen nichts mehr zu essen. Meine Mutter hatte mich nach Hause geführt. Am nächsten Tag mussten alle Schüler der Klassen auf dem Schulhof im Kreis laufen, wenn Pause war. Dies ging mehrere Tage, bis der Schrott abgeholt wurde.

Zwischen 14 und 15 Jahren trafen wir Mädchen uns mit Klassenkameraden einmal vor dem Friedhof. Der Mond sandte Strahlen auf die Gräber, wobei die Grabsteine im Licht des Vollmondes leuchteten. Das Abenteuer lockte mich. Von Neugierde ergriffen ging ich bis zur Mitte des Friedhofes. Ich fühlte keine Angst. Warum auch? Vor wem? Die Schüler waren in der Nähe.

Wir feierten mit zwei oder drei Mädchen ohne Jungs bei uns zu Hause Silvester. Ein Mädchen schaute aus dem Fenster Richtung Hof. Plötzlich rief sie: »Ein Geist!« Sprang ins Bett, weinte vor Angst, kroch unter die Bettdecke. »Interessant«, dieser Sache muss ich auf den Grund gehen, doch keines von den anderen Mädchen wollte mit. So ging ich alleine, war zu neugierig. Ich sagte mir, einer von den Jungs wird sich verkleidet haben. Doch auf dem Hof war niemand. Der angebliche Geist war verschwunden. Zurück im Schlafzimmer feierten wir weiter, tanzten nach Discomusik. Wir bemerkten, wie die Jungen uns beobachteten, als wir leicht angetrunken nach 24.00 Uhr über den Hof liefen. Nach ein Uhr lagen die Mädchen auf dem breiten Bett. Ich jedoch tanzte eine Art Bauchtanz. Meine Schwester sah es.

Grenzer führen zwei Männer ab

Wir wurden älter, 15 Jahre, sahen nach Grenzern, die an unserem Haus vorbeigingen. Sie interessierten mich nicht, machten zu viel Krach mit ihrem Mundwerk. Bis auf einen, gab ihm einen Kuss. Mehr wollte ich nicht. Das war's und Adios. Meine Schwester sowie meine Cousine unterhielten sich eher mal mit den Grenzern, wenn sie von der Streife kamen.

Eines Tages sah ich vom Küchenzimmerfenster aus, wie Grenzer zwei Männer an unserem Haus vorbeiführten. Jene hielten ihre Arme hinter dem Kopf verschränkt. Da sie über die Grenze durch die Werra nach Herleshausen (Westen) fliehen wollten, wurden sie von zwei Grenzern abgeführt. Eine Lehrerin in der Schule erzählte uns, es seien Verbrecher. Wir wussten es besser. Um uns zu schützen, schwiegen wir.

Mein Bruder war zu einem schönen jungen Mann herangewachsen. Mit seinen schwarzen Locken und dunklen Augen ähnelte er einem hübschen Mexikaner. Ich liebte ihn, ebenso wie meine Mutter, meine Schwester und meine Cousine. Gerne sahen sich junge Mädchen nach meinem drei Jahre älteren Bruder um. Er wusste es zu nutzen.

Mein Bruder aß keinen Fisch. Also stellte ich ihm eine Schüssel mit Salzheringen ins Bett. Natürlich mit Deckel, damit die Zudecke nicht beschmutzt wurde.

Am nächsten Tag ließ er es sich nicht anmerken, er fragte nicht. Später studierte mein Bruder, so dass ich ihn aus den Augen verlor.

Wie die meisten jungen Menschen wollte ich das Zigarettenrauchen ausprobieren. Wir bekamen ein Westpaket, was auch HB-Zigaretten enthielt, obwohl bei uns niemand rauchte, außer Opa. Er genoss allerdings selten Zigarren oder Pfeife. Heimlich nahm ich mir eine Zigarette, setzte mich in mein Zimmer. Ich begann zu rauchen. Da es mich langweilte, diese Zigarette zu halten, hörte ich auf. Außerdem fragte ich mich, was daran schmecken sollte. Also weg mit der Zigarette, nie wieder eine.

Wir hatten einen wuscheligen schwarzen Hund. Er war lieb, ließ sich schmusen, auch streicheln. Doch eines Tages bekam meine Cousine ein kleines schwarzes langhaariges Hündchen mit weißen Pfötchen, weißer Brust und weißem

Hintern geschenkt. Mit seinen Stehöhrchen sah er niedlich aus. Wir liebten ihn sofort, nannten ihn Molli. Doch der größere Hund musste gehen, er wurde verkauft. Was uns sehr leid tat. Molli verstand sich gut mit Katze Micki, die eigentlich die Scheunen mit Heu als ihr Eigentum nannte, legte sich zwischen seine Beine, um sich an seiner Brust und seinem Bauch zu wärmen. Es war Winter. Irgendwann hatte sie sich hereingeschlichen. Molli, unser mittelgroßer Schnauzer-Mischling, schaute, wer bei ihm lag. Er war zufrieden, es war seine Micki. Er vertrieb auch die Kater, die zu Micki wollten, beschützte sie und ihr Kind Muschi, wo ich einst Hebamme spielte.

Es war die 9. Klasse. Arnold B. bat mich, ihm ein bestimmtes Buch zu bringen. Er wollte etwas nachsehen. Ich brachte es ihm nach Hause. Was er brauchte, schrieb er sich ab. Bevor ich mit dem Buch ging, sah er mich fragend an, ob ich seine Freundin werden könnte. Ich verneinte mit der Erinnerung, dass er mich auf dem Schulhof nach einem Streit in der 2. Klasse auf die Nase geschlagen hatte, so dass sie blutete. Nach diesen Worten zu Arnold verließ ich das Haus.

Außerdem gefiel er mir nicht. Hätte er mir gefallen, wäre es auch ein »Nein«.

13. August 1961

Am 13. August 1961 wurde die Mauer zwischen West- und Ostberlin gebaut. Die Grenze zwischen Lauchröden und Herleshausen verminten Ostdeutsche, wie an allen anderen Ortsgrenzen.

Die Brandenburg war nicht mehr begehbar, es wurde verboten. Laut Gerüchten hielten sich dort Russen auf. Oder nicht?

Motorradfahren

Mit 15 und 16 Jahren besuchten wir die 9. und 10. Klasse in Eisenach. Durch die täglichen Busfahrten nach Eisenach lernten wir die Schüler der 10. Klasse von Unterellen und Oberellen kennen. Eine Freundin von mir war aus Oberellen. Ein Junge lud Ulla und mich zum Motorradfahren in Oberellen ein. Als wir auf dem Sportplatz ankamen, wurden wir bereits erwartet.

Ich fuhr mit einer ES einen Sandweg herauf, kam ins Rutschen. Langsam legte ich das Motorrad hin. Der Besitzer holte es zurück. Er hatte die Szene vom Sportplatz aus beobachtet. Ein junger Mann mit einer Jawa fuhr mit mir eine Runde. Er bot mir an, alleine zu fahren. Ich wollte es, fuhr mit der Jawa auf der Hauptstraße in Oberellen. Die Straße war frei. Von weitem sah ich eine Mauer, auf die ich zufuhr. Statt zu bremsen, gab ich Gas. Eine junge Frau sowie ihr Mädchen sahen es. Ich behielt die Ruhe, nahm das Gas weg, bremste. Beim Bremsen geriet mein rechter Slipper unters Vorderrad, ich hatte meinen Fuß noch rechtzeitig aus dem Schuh gezogen. Die Jawa stand circa einen halben Meter vor der Mauer. Ich hatte einen Schutzengel, fuhr zurück zum Sportplatz. Kaum angekommen, hörte ich meine Schwester Ursula schreien. Der junge Mann, dem die Jawa gehörte, fuhr mit mir zu Ulla bis zum Ende des Sportplatzes. Es war ihr, Gott sei es gedankt, nichts passiert. Auch sie wurde von ihrem Engel beschützt.

Betatschen

Jetzt zurück zur Schule in Eisenach. Es war in der 9. Klasse, als ich mir mit einem Lächeln einen Eisenacher Jungen der 10. Klasse angelte. Dunkelbraune Haare bedeckten sein Haupt. Da ich gerne im Unterricht mit meiner Nachbarin flüsterte, musste ich nach vorne zu den Lauchröder Jungen, die ich seit der 1. Klasse kannte. Mein Verhängnis. In der Pause wollten zwei, zwischen denen ich saß, mich an den Brüsten betatschen. Ich ließ es nicht zu, rief meine Schwester. Sie rettete mich. Einmal auch auf dem Schulhof fingen die Jungen wieder an. Mein Freund half mir nicht, doch glücklicherweise meine Schwester. Daraufhin trennte ich mich von meinem angeblichen Freund. Die gleichen Jungen versuchten es öfters in den Pausen des Unterrichtsraumes. Ich erzählte alles der Klassenlehrerin. Daraufhin durfte ich wieder zu den Mädchen. Ich glaube, die Jungen taten dies absichtlich mit mir. Sie hatten ihren Spaß, wenn meine Schwester kam, um mir zu helfen. Nach dem Unterricht gingen wir zum Bus. Unterwegs begegnete Ulla und mir ein Afrikaner. Er sah mich an. Seine Worte waren:

»Kussmund muss man küssen.« Wir setzten unseren Weg fort. Es war mal wieder interessant.

Wir hatten eine Henne zu Hause. Dieses Huhn tat alles, was seine Entenküken wollten. Es war ein warmer Sommer. Eine Pfütze befand sich auf dem Hof, ziemlich groß und tief. Wie sie dahin kam, weiß ich nicht. Es hatte nicht geregnet. Hurtig liefen die Entchen zur Wasserpfütze. Sie trugen flauschige Federn, sprangen hinein, tauchten sogar. Es war ein Tummeln und Spritzen. Da sich die Henne als Mutter sah, lief sie ebenfalls in der Pfütze herum. Es war ein schöner, lustiger Anblick.

Mit 16 las ich in einem Judo-Buch von meinem Bruder. Ich hielt mich im Badezimmer auf, als Ulla hereinkam. Da ich üben wollte, ergriff ich sie ohne Worte, warf sie über meine Schultern. Sie sah mich staunend an. Als ich es wieder versuchte, gelang es nicht. Ulla war vorsichtig geworden, obwohl ich ihr nicht wehtat. Sie war auf einem Sofa gelandet. Auch mit meiner Cousine gagelte ich herum. Sie trug ihre dunklen, glatten Haare als Dutt. Ihre grau-grünen großen Augen sahen mich an. Ich ergriff sie. Der Überschlag gelang nicht. Sie lachte. Ich stellte ihr ein Häkchen, legte sie langsam, sie haltend, auf den Boden der Wohnstube. Sie lachte laut weiter.

Wenn wir drei, meine Schwester, meine Cousine und ich, an dem Wirtshaus »Die Krone« vorbeigingen, mit den gleichen Kleidern bekleidet, schauten die Grenzer hinter den Fenstern auch aus den Fenstern uns nach. Wir amüsierten uns, spazierten weiter.

Schüsse an der Grenze

Ein junger Mann wollte mit seiner Freundin von Lauchröden durch die Werra nach Herleshausen schwimmen. Sie konnte nicht mehr, war am ertrinken. Ihr Freund sprang zurück in den Fluss, um sie zu retten. Ein Grenzer rief: „Sie sollten mit dem Schießen aufhören." Ihr Freund rettete sie. Sie waren in Herleshausen (Westen).

Der Grenzer, der aus Mitleid für das fliehende Liebespaar gerufen hatte, sie sollen mit dem Schießen aufhören, wurde von den Sozies zur Rechenschaft gezogen. Dieser Grenzsoldat musste wegen seiner Güte zum Menschen büßen. Was für eine Ungerechtigkeit.

Tanzschule

Mit 16 Jahren tanzten wir in einem Tanzkurs, auch Schulfreundinnen und Freunde. Einige Tänze beherrschten wir bereits. Wir hatten die Absicht, Tänze dazuzulernen. Meine Schwester Ursula, meine Cousine, eine Freundin und ich sowie vier passende junge Männer führten auf dem Tanzsaal »Charleston«, wir Mädchen mit Charleston-Kleidern, vor. Mit den anderen Tänzern verschiedene Tänze. Später durfte auch das Publikum tanzen.

Beim Rock ’n’ Roll schwang mein Bruder meine Cousine über sich. Ein Polizist verwies ihn des Saales. In der DDR, besonders im Sperrgebiet, war diese Art des Tanzes nicht erlaubt. Er war zu amerikanisch.

Unsere Tanzschullehrerin bot Ulla und mir erweiterte Tanzschule in Eisenach an, auch Marlene. Nachdem meine Schwester und ich es ansahen, lehnten wir ab. Nach dem Schulunterricht waren wir gezwungen, zweieinhalb Stunden in Eisenach auszuharren, ehe der Tanzunterricht begann. Jener Unterricht ging bis 18:00 Uhr. Der Bus fuhr 18:45 Uhr nach Lauchröden. 19:30 Uhr wären wir erst zu Hause angekommen. Und die Schularbeiten? Wir sagten ab, jedoch nicht gerne.

Wie es so ist, gehen junge Mädchen gerne zum Tanz. Wir waren 16 Jahre, als wir zum Tanzen gingen, auch fuhren wir nach Eisenach sowie anderen Orten nicht weit von Lauchröden.

Ich zählte 17 Jahre, fuhr nach Oberellen zum Tanz. Gegenüber von mir saß ein hübscher junger Mann an einem Tisch. Eine Freundin erwähnte, er sei ein Schürzenjäger. Na, dachte ich, mal sehen, ob ich ihn einfangen kann. Ich schaute ihn lächelnd an, lief hinaus. Er folgte mir, wollte mich wegen meinen vollen roten ungeschminkten Mund küssen. Dies sagte er mir. Ich bekam Angst vor ihm. Wer weiß, was er noch von mir wollte, lief zum Tanzsaal zurück. Er nahm eine andere Richtung.

Riesige Hand

In unserer Freizeit gingen wir manchmal, meine Cousine, meine Schwester und ich, getrennt zur Kartenlegerin. Es war eine alte Frau. Sie erzählte mir, was ich hören wollte. Von Liebe und Heirat. Wir brachten ihr als Dankeschön Wurst sowie eingewecktes Obst mit, worüber sie sich freute. Wenn sich jemand freut, sind wir glücklich. Wir hatten noch mehr Mist im Kopf, machten was zum Glück nicht klappte. Hatten einen hohen kleinen Tisch mit drei Beinen, wo wir unsere Hände drauflegten. Das Tischchen sollte hüpfen, wenn wir angebliche Geister nach unserer Zukunft befragten. Auch dies klappte glücklicherweise nicht.

Wir wussten nichts vom Okkultismus, mit dem meine Schwester, meine Cousine und ich uns beschäftigten. Wir hätten es lieber lassen sollen. Ich hatte drei Nächte hintereinander immer den gleichen Traum. Im Traum ging ich auf den Heuboden. Dort lag ein Skelett. Als ich erwachte, wollte ich dem ein Ende setzen. Im Laufe des Tages ging ich auf diesen Boden. Es war natürlich kein Skelett dort, wie ich es erwartete. Zu meiner Freude kam dieses Traumbild nie wieder. Eines Nachts sah ich eine riesige Hand an der Zimmerdecke. Mich gruselte, worauf ich mich unter der Bettdecke versteckte. Ich rief meine Mutter, sie möge bitte das Licht der Nachttischlampe anmachen. Ich selbst wagte es nicht, nach meiner Nachttischlampe zu tasten. Meine Mutter erwachte, machte das Licht an. In jenem Moment verschwand die Riesenhand. Alles erzählte ich meiner Mutter, worauf wir ruhig einschliefen.

Eines Nachts zog etwas Unbekanntes an meiner Zudecke, welche ich sofort festhielt. Ich fürchtete mich nicht, lag doch meine Mutter neben mir im Doppelbett. Hatten wir durch diesen Mistokkultismus Satan angelockt? Nein, denn dieser wäre schlimmer gewesen.

Ulla, meine Cousine und ich gingen gerne samstags tanzen. Entweder in Lauchröden, Eisenach, Förtha oder Oberellen. Einmal verpassten wir den letzten Bus von Oberellen nach Lauchröden. Ein Grenzpolizist, wir kannten ihn von Lauchröden, fuhr uns vom Schlagbaum aus einzeln mit seinem Moped bis kurz vor die Lauchröder Mühle. Der andere Grenzpolizist bewachte den Obereller Schlagbaum. Kurz vor der Lauchröder Mühle konnten die Grenzer uns nicht bemerken. Die Grenzer durften es nicht mitbekommen, unser guter Fahrer hätte großen Ärger bekommen.

Sein Freund, der andere Grenzpolizist vor Oberellen war treu, er schwieg.

Unfall

Ich war 16 Jahre. Wir mussten von der Ober-
schule aus auf den Trenkelhof (Eisenach), um
Heu in ein sehr großes Loch mit der Heugabel zu
schieben. Nach einiger Zeit passte ich nicht auf,
fiel durch das Loch ins Heu, die große Heugabel
hinter mir her. Dank Gott, landete sie neben mir.
Annelotte und ein anderes Mädchen, Klassenkameraden, reichten mir eine lange Stange von
oben, so konnte ich leichter hoch klettern. Kurz
danach begann der Polytechnische Unterricht,
diesmal auf dem Trenkelhof. Ich meldete den
Unfall nicht.

Mein Vater

Nach dem Schulabschluss der 10. Klasse der Geschwister-Scholl-Schule lernte ich Dekorateurin, was nicht nach meinem Sinn war. Textilverkäuferin wollte ich eigentlich werden. Ich musste in Gotha bzw. Erfurt lernen. Eines Tages kam mein Vater in die Erfurter Berufsschule, um mit mir zu reden. Er wohnte in Erfurt. Während ich ihn in der Klasse beobachtete, suchte er mich mit ausschweifenden Blicken. Schwarze Haare zierten sein Haupt. Sein rasierter Bart leuchtete unter der hellen Haut des hübschen Gesichtes hervor. Braune Augen sahen mich an, als er bemerkte, wie ich ihn anschaute. Meine Eltern waren, seit ich fünf Jahre war, geschieden. Vielleicht war ich auch damals sechs. Ich wusste es nicht mehr. Mit elf Jahren, als ich in Gotha war, besuchte er mich bei seinen Eltern. Seitdem sah er mich nicht mehr. Kein Wunder, dass er sich lange in der Klasse nach mir umschaute. Freude kam in mein Herz, als ich ihn sah. Nach der ersten Stunde ging er mit mir in ein anderes Zimmer. Wie gerne hätte ich ihn umarmt. Doch er strahlte nur Kälte aus. Kein liebes Wort kam über seine Lippen, im Gegenteil. Obwohl ich als kleines Mädchen sein Liebling war, dies wusste ich von meiner Mutter. Die Ruhigste von meinen Geschwistern war ich, dies war ihm recht. Nach meiner Enttäuschung, die er mir in der Berufsschule bereitete, verabschiedete ich mich von ihm, ging in meine Klasse. Ich sah ihn nie wieder.

Nach dem Unterricht fuhr ich mit der Straßenbahn zum Bahnhof. Dort begegnete mir ein Fotograf. Sprach mich an, fotografierte mich, lud mich zum Kaffee ein, da ich noch Zeit hatte. Er schlug mir vor, mich einem Kunstmaler vorzustellen, um ein Aktfoto von mir zu malen. Natürlich ging ich darauf nicht ein. Ich verabschiedete mich vom Fotografen, lief zum Zug. Ein paar Tage später erhielt ich das Foto von ihm. Nun zurück zu meinem Vater.

Zu seinen Geburtstagen gratulierte ich ihm mit Kartengrüßen. Er meinen Geschwistern und mir nicht. Ich nahm es ihm nicht übel, ich liebte ihn.

Abhauen (nach dem Westen?)

Nach einigen Monaten reichte es mir, Gebrauchswerberin (Dekorateurin) zu lernen. Es lag mir nicht. Ich beschloss nach dem Westen zu gehen, zu meiner Patin in Wetzlar. Dort wollte ich meine Mädchenträume wahr werden lassen, als Vortänzerin in Discos aufzutreten, da ich talentiert war. Es wurde im Westfernsehen Werbung dafür gemacht. Ich sah es selber, die Vortänzerinnen in Discos. Ich war 17 Jahre, jung, naiv, an das Gute glaubend, ohne Erfahrung. Ich packte meine Sachen, nahm mein Sparbuch, fuhr nach Leipzig, um von dort aus nach Dresden zu fahren. Von Dresden aus war es nicht mehr weit, über die Tschechoslowakei nach Westdeutschland abzuhauen. Von Lauchröden aus durch den Fluss Werra zu schwimmen, um in Herleshausen anzukommen, wagte ich nicht. An der Lauchröder geschlossenen Grenze lagen Minen. Es war mir zu gefährlich.

Als ich in Leipzig mit dem Zug ankam, ging ich zur Zimmerinformation in der Nähe des Bahnhofes. Sie vermittelten mir ein Zimmer.

Es wurde dunkel. Da ich mich nicht auskannte, verfuhr ich mich mit der Straßenbahn. Ich stieg zu spät aus. Als ich zur Telefonzelle ging, um bei der Frau anzurufen, wo ich wohnen wollte, begegnete ich etwa einem 32-jährigen Mann. Er führte mich zur richtigen Adresse, die nicht weit war. Er wollte sich mit mir für den kommenden Tag verabreden. Ich ging nicht darauf ein. Anständig verabschiedete er sich von mir. In Leipzig blieb ich hängen. Es war Sommer, schönes Wetter. Es gefiel mir in dieser Stadt. Besuchte den großen modernen Tierpark und fuhr täglich mit der Straßenbahn zu verschiedenen Kinos. Ich hatte keinen Fernseher in meinem Zimmer bei der doch netten Frau. Mir war es vergangen, nach Dresden zu fahren, fürchtete mich vor den tschechischen Grenzpolizisten. Fürchtete mich, an der Grenze erwischt zu werden. Außerdem wusste ich die Richtung zur Grenze nach Westdeutschland nicht. Nach einer Woche bekam ich Sehnsucht nach meinem Heimatdorf. Nochmals ging ich ins Kino, sah den farbigen Film »Der Dieb von Bagdad«, mein Lieblingsfilm. Nach dem Besuch des japanischen Spielfilms »Bushido – Schwur der Gehorsamkeit« wollte sich ein hübsches Kerlchen, etwa 18 Jahre, mit mir verabreden. Ich sah gerade ein Filmplakat an. »Bist du niedlich«, sprach er mich von der Seite an. Ich drehte ihm mein Gesicht zu. Wieder: »Bist du niedlich«, erklang seine Stimme. Ich trug mein weißes Lieblingskleid mit kleinen moosgrünen Blättern und gelben Blumen darauf abgebildet. Ein moosgrüner Stoffgürtel schmückte meine Taille des etwas weiten Rockes. Ich fand mich jedenfalls nicht niedlich. Der junge Mann ließ nicht locker, wollte unbedingt mit mir zur Funkausstellung. Ich sagte ihm, dass ich fremd in Leipzig sei und nach Hause wollte. Er versuchte weiter, mich umzustimmen. Schließlich sagte ich zu, um fortgehen zu können.

Ich fuhr jedoch am kommenden Tag nicht nach Hause, obwohl ich es wollte. Ging das dritte Mal in das Kino mit dem Spielfilm »Der Dieb von Bagdad«. Auf dem Rückweg hob ich von der Sparkasse Geld ab, wo ich einen Fehler beim Ausfüllen machte. Ich hatte in Gedanken versunken versehentlich die Lauchröder Adresse ebenso die Leipziger angegeben. Ich wusste im ersten Moment nicht, was richtig war. Sie wollten die Wohnadresse. Auf dem Weg zur Wohnung ging ich zum Fotografen wegen Freundschaftsbildern. Jenes Foto, welches in meinem Buch »Marie und das Fräulein von der Brandenburg – Vampire« abgebildet ist. Im Buch schrieb ich 18 Jahre. Warum auch nicht, in zwei Monaten sollte ich 18 werden.

In der Wohnung angekommen, kam mir der Fehler in der Sparkasse in den Sinn. Jetzt wusste ich, man würde mich finden. Mir war es egal, sowieso wollte ich nach Hause. Nochmals verließ ich die Wohnung. Ich wartete auf die Straßenbahn. Vor mir hielt ein Cabriolet. Ein junger Polizist bat mich einzusteigen. »Jetzt haben sie mich gefunden«, dachte ich. Was sollte ich tun, ich stieg ein. Weit fuhr er nicht. Er versuchte, seinen Arm um mich zu legen, um mich zu küssen. »Ich hätte einen Kussmund«, sagte er. Damit rechnete ich nicht. »Nein«, war meine Antwort. »Was soll das?«, meine Gedanken.

Er sah mich an, fuhr zurück. Bevor ich ausstieg, warnte er mich, ich solle nicht bei fremden Männern ins Auto steigen. Froh war ich, dass ich noch nicht gesucht wurde. Tags darauf klopfte jemand an meine Zimmertür. Ich öffnete die Tür. Ein schlanker, hübscher Mann, etwa 36 Jahre, stand vor mir mit einem grauen Anzug bekleidet. Ich wusste sofort, was los war, ließ ihn hinein. Er stellte sich mir vor. Ich gab ihm Geld für die nette Frau, für die Übernachtungen bei ihr. Wir fuhren mit der Straßenbahn. Er ließ mich nicht aus den Augen, trug sogar meine Reisetasche. Auf dem Polizeirevier fragte mich dieser Kriminalpolizist, weshalb ich ausgerissen sei. Ich sagte es ihm nicht, er hätte mich sofort wegen versuchter Republikflucht abführen und einsperren lassen. Er fragte mich nach familiären Gründen. Er fragte mehrmals, wobei er immer freundlich blieb. Ich verneinte, wobei ich betonte, dass ich eine gute Mutter habe. Er gab auf. Schrieb etwas mit der Schreibmaschine, wahrscheinlich von mir. Es gab noch keine Computer. Während er schrieb, lief ich im Zimmer herum, schaute mir einiges an. Es war mir zu langweilig. Er sagte nichts dagegen. Er bedauerte, mich ins Kinderheim bringen zu müssen. Gerne wollte er mich zu sich nach Hause nehmen, war jedoch verheiratet. Ich bat ihn, meine Fotos abzuholen. Er bejahte, mit der Bitte, eines behalten zu dürfen. Ich fragte ihn: »Warum?« Er wollte mir nicht antworten. So wie ich ihm nicht antwortete, als er mich ausfragte, so tat er es mir gleich. Ich gab ihm den Fotoabschnitt mit den Worten, ich habe die Fotos bereits bezahlt und die Erlaubnis, ein Foto zu behalten. Er brachte mich ins Kinderheim, diesmal mit einem Auto. Ich saß vorne neben ihm, die Reisetasche trug er wieder, legte sie auf den Rücksitz. Er verabschiedete sich von mir, als er mich der Heimleiterin übergab.

In meinem Zimmer hielt sich ein trauriges 16-jähriges Mädchen mit kurzen blonden Haaren auf. Sie bat mich um eine Nagelfeile, um die Gitter vor dem Fenster durchzufeilen. Ich versprach es ihr. Konnte jedoch mein Versprechen nicht einhalten. Kaum legte ich mich zum Schlaf nieder, als mich die Heimleiterin holte. Sie lief vor mir aus dem Zimmer. Vor lauter Eile vergaß ich, dem Mädchen die Feile zu geben. Sie hätte dem Mädchen nichts genützt, war viel zu klein. Übrigens waren das Mädchen und ich die Ältesten, die Kinder waren alle jünger. Es war eben ein Kinderheim. Als ich die Treppe hinunterging und ins Zimmer trat, erblickte ich meine gute Mutter sowie meine Cousine. Ich freute mich, ihre Namen nennend. Meine Cousine lief mir sofort entgegen. Wir umarmten uns, indem sich unsere Wangen berührten. Auch Mutti umarmte mich. Ein guter Bekannter von Mutti fuhr uns mit seinem Trabbi nach Lauchröden, wo mich meine Tante schimpfend empfing. Sie hatte ja recht.

Dank Mutti durfte ich von der Berufsausbildung aus Textilverkäuferin lernen. Die Zeit als Dekorateur-Lehrling wurde mit angerechnet. Ich lernte in Eisenach, arbeitete im Kinderkaufhaus »Steppke« in der Goldschmiedenstraße. Nach Gotha und Erfurt brauchte ich nicht mehr. Eine Woche nach Leipzig kam ein Brief mit meinen Fotos. Der Kriminalpolizist, der sie mir schickte sowie eines behalten hatte, bat mich ihn in Leipzig zu besuchen. Er wollte mich sehen. Ich ging nicht darauf ein, außerdem war er verheiratet. Was sollte ich mit ihm. Ich war froh, wieder zu Hause zu sein. Als Lehrling im »Steppke« hatte ich eine ältere Freundin, eine Kassiererin. Es waren Handwerker auf dem Boden. Einer interessierte sich für mich. Ein sehr junger Mann, ca. 22 Jahre. Die Kassiererin bat mich, mit ihr nach oben zu gehen, etwas den Handwerkern zu bringen. (Ich weiß nicht mehr was.) Der junge Handwerker bat mich, mich küssen zu dürfen. Ich hätte einen schönen Kussmund. Ich wollte nicht. Ich würde ihm gefallen. »Ich kann mich doch nicht von jedem, dem ich gefalle, küssen lassen«, sagte ich. Er bat weiter. Nach weiteren Bitten gab ich nach. »Nur einmal die Wange«, erlaubte ich ihm. Endlich hatte ich meine Ruhe.

Auch ein Fensterputzer interessierte sich leider für mich. Ich schätzte ihn auf 32 Jahre. Er lud mich in der Mittagszeit zum Kaffee ein. Nach langer Überredung sagte ich zu. Er nannte mich seine kleine Japanerin, was für mich nichts Neues war. Als Lehrling trug ich lange Haare, ich war 1,62 Meter groß. Der Fensterputzer blieb anständig, er wusste, wie jung ich war. Nach ein paar Tagen warnte mich meine ältere Freundin. »Er ist verheiratet«, sagte sie mir. Zufällig begegnete ich ihm in der Karlstraße und sagte es ihm. Er gab es zu, worauf ich mich für immer von ihm verabschiedete. Es fiel mir leicht, ich liebte ihn nicht. Ich war noch nicht so weit, einen Mann zu lieben.

Ein ehemaliger Schulfreund der 10. Klasse von Oberellen lud mich zum Tanz nach Erfurt ein. Ich war noch 18 Jahre. Er war dort bei der Armee. Ich sprang noch auf den Zug nach Erfurt, der gerade fortfahren wollte. Knapp vorher war ich mit dem Bus von Lauchröden angekommen. In Erfurt eingetroffen, holte er mich mit seinem Freund Bernd ab. Da er mir kein Hotelzimmer besorgt hatte, wie er mir versprach, es zu tun, lief er mit mir nach dem Tanzabend zum Bahnhof. Dort sollte ich zwei Stunden auf ihn warten.

Als er ging, fuhr ich mit dem kommenden Zug nach Eisenach. Ich ärgerte mich über ihn, da er mir kein Hotelzimmer besorgte. Tage später schrieb Bernd, der Unteroffizier war, ob er mich in Lauchröden besuchen könnte. Ich sagte zu. Er war ein hübscher dunkelhaariger 19-jähriger junger Mann. Doch verliebte ich mich nicht in ihn. Mit der Zeit nervte er mich, da er alle zwei Wochen bei uns zu Hause auftauchte. Wir trennten uns. Ich hatte endlich meine Ruhe. Bernd benahm sich immer anständig, so anständig, dass er mir all die Zeit, wo wir uns trafen, nur einen einzigen kurzen Kuss gab. Wie sollte ich diesen Mann lieben, es hatte nie gefunkt.

Zum Ende der Berufsschule sollten alle Schüler einiges anfertigen, was ihrem Talent entsprach. Da ich das Zeichnen und Schreiben von meinem Vater erbte, wusste ich, was zu tun war. Ich schrieb die Geschichte »Durch zwei Welten getrennt« mit Schreibmaschine, klemmte das beschriebene Papier in eine Mappe, zeichnete passende Bilder. Es wurde mir von den Lehrern nicht geglaubt. Der Direktor ließ mich zu sich rufen. Dort musste ich eine neue Geschichte anfangen. Was ich ohne Überlegung tat, ich hatte sie bereits im Kopf. Nun wurde mir geglaubt.

Ich erzählte es meinem Deutschlehrer. Meine Geschichte »Schrei, wenn du kannst« setzte ich fort. (Zu lesen im Buch »Marie und das Fräulein von der Brandenburg – Vampire«.)

Verfolgt

Nach Beendigung der zwei Lehrjahre ging ich eines Tages wie immer nach der Arbeit Richtung Bushaltestelle. Ich bemerkte einen ca. 50-jährigen Mann, der mich verfolgte. Vorher hatte er mich an der Arbeit angestarrt, was ich ignorierte. Der Bus fuhr erst in einer Stunde. Warum ich zwei Stunden eher von der Arbeit ging, weiß ich nicht mehr. Ich wollte zur Tante Serafine. Dort war ich vorläufig sicher. Rechts von mir erblickte ich ehemalige Schüler von Oberellen, die ich in der Geschwister-Scholl-Schule kennengelernt hatte.

Ihnen zeigte ich heimlich meinen Verfolger. Sie wollten ihn und mich beobachten, versprachen sie mir. In meiner Angst lief ich zur Tante. Ich erzählte ihr alles.

Vom Fenster aus sah ich den Mann, der mich verfolgte. Er stand vor dem Haus. Lief hin und her. Nach circa zehn Minuten ging er in die Richtung, wo er herkam. Ich wartete einige Minuten. Ich musste zum Bus. Hoffentlich war mein Verfolger fort. Die ehemaligen Schüler rieten mir weiterzugehen. Sie hatten den Mann beobachtet, wo er hinging. »Er ist fort«, sagten sie. Als ich in

den Bus nach Lauchröden einstieg, war ich froh.
Den Mann sah ich nie wieder, mein Glück.

Erscheinung

Als ich 19 Jahre war, fragte ich mich, ob es ein Leben nach dem Tod gibt. Nach circa vier Wochen erhielt ich die Antwort. Ich ging um 23:00 Uhr aus der Stube und schaltete das Licht im Flur an. Dieses Licht vereinigte sich mit einem noch helleren Licht neben mir an der Wand, links der Küchentür. Ich sah genauer hin. Eine durchsichtige kahlköpfige hübsche Männergestalt stand in dem strahlenden hellen Licht vor mir. Ich hätte ihn berühren können, so nah war er mir. Er lächelte mich an. Keine Furcht kam über mich. Nach einer Weile verschwand die Erscheinung. Wer war sie? An Engel dachte ich damals noch nicht, für mich war sie ein Geist. Heute weiß ich, es war ein Engel. Geister erscheinen nicht in einem strahlenden Licht. Vielleicht zeigte sich mir mein Schutzengel. Oder was ich nicht hoffe: 2. Korinther 11,14 (Neues Testament) »... auch Satan tarnt sich als Engel des Lichts.« (Siehe mein Buch »Marie und das Fräulein von der Brandenburg – Vampire« Seite 68 u. 69 »Die Geliebte des Nephilim«.) Darin schrieb ich mein Erlebtes nieder. Nach der Engelserscheinung ging ich ruhig in mein Bett und schlief sofort ohne Träume ein. Am nächsten Tag erzählte ich es meiner Mutter. Meine Tante erfuhr davon. Sie fürchtete sich daraufhin mehrere Wochen, was mir leidtat.

Meine Schwester Ursula sowie meine Cousine waren bereits verheiratet, auch mein Bruder. Sie hatten es alle eilig, ich nicht. Früher gingen wir gemeinsam zum Tanz in Lauchröden, Förtha, Oberellen.

Jetzt war ich alleine. Ursula lebte zwar mit ihrem Ehemann und Töchterchen noch in Lauchröden, auch meine Cousine mit Söhnchen. Ich verabredete mich mit Ingrid S., meiner Obereller Freundin, zum Tanz in Oberellen. Meine Freundin Ingrid der 9. und 10. Klasse wartete bereits auf mich. Auch sie war dunkelhaarig. Als ich vom Bus kam, gingen wir zum Tanzsaal. Ich hatte sie von ihrem Zuhause abgeholt. Ein junger Mann forderte mich öfters auf. Er tanzte sehr gut. Nach circa zwei Stunden verabschiedete ich mich von Ingrid. Der letzte Bus nach Lauchröden fuhr bald. Als ich vor dem Bus stand, sprachen mich zwei junge Männer vom Tanzsaal an. Der eine war der gute Tänzer. Er bat mich um eine Verabredung, auch der andere. Ich überlegte kurz, sah beide an. Für wen sollte ich mich entscheiden? Da ich keinen beleidigen wollte, sagte ich beiden ab.

Obwohl mir der Dunkelhaarige gefiel, nicht der Tänzer.

Außerdem war ich noch nicht so weit, ich wollte vorläufig keinen festen Freund, und nur um rumzuposieren hatte ich keine Lust. Als ich in den Bus einstieg, war ich froh, zu meinem Heimatort Lauchröden zu fahren. Dorthin konnte mir kein Mann folgen, denn Lauchröden lag an der ost-westdeutschen Grenze. Das war der einzige Vorteil. Der Nachteil dieser Grenze die Russen, waren sie auf der Brandenburg? Diese Burgruinen konnten nicht mehr besucht werden. Erst nach der Grenzöffnung gegen Ende 1989 wieder.

Nun zurück zum Jahr 1966. Im Kinderkaufhaus »Steppke« lernte ich Jutta kennen, auch sie war Verkäuferin. Wir gingen manchmal zusammen zum Essen zur Betriebsküche. Eines Tages, als wir zurückliefen, verfolgten uns zwei junge Männer. Sie sahen uns an, sprachen über uns. Liefen über die Straße, uns nicht aus den Augen lassend. Jutta und ich gingen etwas schneller. Als ich mich herumdrehte, sah ich sie circa acht Meter hinter uns. Wir versteckten uns daraufhin in einem Durchgang eines Hauses, wo Männer arbeiteten. Sie wunderten sich über unsere Anwesenheit. Nachdem wir ihnen alles erklärten, warteten wir einige Zeit. Alsbald konnten wir den Hof verlassen. Wir lachten über die zwei, endlich waren sie verschwunden. Meine Arbeitskollegin Jutta hatte dunkle Augen wie ich, doch ihre dunklen Haare waren etwas kurz. Meine dunklen Haare wellig und lang. Manchmal nach innen durch Haarklemmen gesteckt.

Fasching

Es war Februar 1967, Fasching. Ich verkleidete mich als Hawaiimädchen mit einer Stoffblumenkette sowie einer großen roten Kunstblume im langen dunklen Haar. Alles passte zu meinem Typ. Mit Absicht hatte ich mir dieses Kostüm genäht. Nur den Fransenrock ließ ich weg. Stattdessen trug ich ein ärmelloses enges Kleid mit einem großen rechteckigen Ausschnitt bis unter der Brust und einem langen Seitenschlitz im Rock. Damit man den Busen nicht sehen konnte, hatte ich einen engen fleischfarbenen Pulli unter das etwas bunte enge Kleid gezogen. Ich wollte echt aussehen. Die bunte Stoffblumenkette schmückte das Kleid. Damit man nichts sehen konnte, trug ich einen Slip aus dem gleichen Stoff.

Es lag Schnee. Wir jungen Leute liefen während des Faschings nach draußen. Merkwürdigerweise fror ich in meinem dünnen Kleid nicht. Ein dunkelhaariger junger Mann, zwei Jahre älter als ich, wollte mit mir zusammen sein. Ich aber nicht, er störte. Ich unterhielt mich gerade mit meinen ehemaligen Schulkameradinnen und Kameraden. Ich schrie: »Verschwinde!« Er ging fort, ließ sich nicht mehr sehen. Endlich war ich ihn los. Ich konnte ihn nicht lieben, obwohl er hübsch war. Er war mir zu klein. Etwas größer als ich. Ich war noch nicht so weit, einen Mann zu lieben. Im Sommer zuvor lud er mich zum Trabbifahren ein. Unterwegs küsste er mich auf den Mund. Ich empfand nichts. Auch zu Hause klopfte er an die Haustür, um mich zu sehen. Er wollte nur einen Kuss, den er bekam. Für mich war es nur ein Freundschaftskuss, keine Liebe.

Erste Liebe

Es war auch das Jahr 1967, Anfang Oktober. Ich sortierte gerade Strumpfhosen in ein Fach, als mich ein Mann mit Hut ansprach. Er wollte Socken für sich kaufen. Das Kaufhaus bot auch Waren für Jugendliche an, ebenso Strümpfe für Erwachsene. Ich blickte den dunkelhaarigen, hübschen, etwa 30-Jährigen in die braunen Augen. Mein Herz klopfte schneller, die Wangen erröteten. Vor mir stand jener, den ich schon lange suchte. Nur er vermochte es, meine Liebe zu ihm zu entfachen. Ich war meinem Typ begegnet. Dieser mit seinen wunderschönen länglichen Augenformen, schwarzen Augenbrauen, schönen Lippen, seinem hübschen Gesicht. Er, der mich fast um einen Kopf überragte, nahm mein Herz in Besitz. Er passte äußerlich zu mir.

Ich befürchtete, er würde meinen Herzschlag hören, so laut kam es mir vor. Ich war verlegen. Er bemerkte es an meinen erröteten Wangen. Ich sah ihn an, bis er das Kaufhaus verließ. Bevor er ging, schaute er zurück zu mir. Es war für mich Liebe auf den ersten Blick. Am nächsten Tag wartete er auf mich, als ich nach der Arbeit zum Bus gehen wollte. Wir verabredeten uns.

Von da an sahen wir uns zwei- bis dreimal in der Woche. Als ich ihn nach seinem Alter fragte, gestand er mir, dass er 36 sei und verheiratet. Es war für mich wie ein Schlag ins Gesicht. Endlich hatte ich meine Liebe gefunden und sollte sie wieder hergeben?

Nein, zu sehr liebte ich ihn. Aber er taugte sowieso nichts. Da er nur Eines im Kopf hatte, was Männer meistens wollen. Vom Küssen hielt er nichts. Aber ich, so wie Frauen eben sind, für zärtliche Liebe. Er kam immer mit seinem Motorrad mit Seitenwagen. Jedes Mal fuhr er woanders mit mir hin. Im Seitenwagen fühlte ich mich sicher und fror nicht, denn es ging auf den Winter zu. Ich war 20 Jahre. Wenn ich den Bus nach Lauchröden verpasste, übernachteten wir im Bahnhofhotel. Einmal fuhr ich mit dem Taxi nach Hause, denn den kommenden Tag brauchte ich nicht zur Arbeit. Er bezahlte das Taxi, er hatte alles getan, damit ich zu spät zum Bus kam. Zu jener Zeit, als ich mit ihm ging, schrieb ich die Geschichte »Die Geliebte des Satans«, da ich mich über ihn ärgerte. Ich wollte mit ihm schmusen, war aber zu schüchtern. Ich glaubte in meiner jugendlichen Naivität, der Mann müsse anfangen. Einmal küsste ich ihn doch, da ich ihn sehr liebte. Er reagierte nicht. So glaubte ich, er wolle es nicht. Ich versuchte es daraufhin nicht mehr, obwohl ich ihm gerne meine Zärtlichkeiten geschenkt hätte. Bei der Geschichte fügte ich jene durchsichtige Gestalt, die ich mit 19 Jahren im Flur meines Zuhauses sah, mit in dieser Liebesgeschichte ein, da diese Erscheinung zu interessant war. Später wandelte ich bei dem Titel, als meine vergangene Liebe nicht mehr auf der Erde weilte, »Satan in Nephilim« um. Wenn ich mit diesem schönen Mann zusammen war, brachte er mich immer nach circa drei Stunden zum Bus. Er blieb, schaute zu mir, ging erst, wenn der Bus mit mir fortfuhr. Sogar im Winter.

Vielleicht liebte er mich doch. Da ich glaubte, schwanger zu sein, ging ich weiter mit ihm. Auch als ich feststellte, dass es nicht so war. Ich wollte ihn, er glich einem hübschen, stark aussehenden Mexikaner. Er hätte auch von der Südsee sein können, so sah er aus. Er war eben ein richtiger Mann, nicht dick, auch nicht dünn. Eine schöne Nase zierte sein Gesicht, ebenso ein schöner Mund, zum Küssen einladend. Ich hätte mich von ihm trennen müssen. Er hatte Kinder mit seiner Frau. Doch ich konnte es nicht, zu sehr liebte ich ihn. Als sein Sohn, mein Baby, zur Welt kam, kannten wir uns elf Monate. In jenem Moment, als mir der Arzt mein Söhnchen zeigte, liebte ich nur noch ihn.

Seinen Vater konnte ich nicht mehr lieben. Die Liebe zu ihm war auf Kai, mein süßes Baby,

übergegangen. Kais Vater hatte mich zu sehr an
der Nase herumgeführt.

Kai (Baby)

Während der Schwangerschaft liebte ich bereits mein Kind. Mein Herz zeigte nur noch Liebe für mein niedliches Baby. Mutterliebe ist die größte Liebe. (Doch leider nicht bei allen Müttern dieser Welt.) Mein Baby war schon glatt im Gesichtchen, zehn Tage später geboren. Er sah seinem Vater ähnlich, doch mehr wie ein wunderschönes Baby der Südsee. Kais Vater besuchte mich im Krankenhaus. Meine liebe Mutter war gerade bei mir. Als sie ihn sah, ging sie. Sie hielt nichts von ihm. Für sie war er ein Verführer, der mich im Stich ließ. Er bemerkte es, sagte es zu mir. Ich schwieg, sah ihn nur an. Kai gefiel ihm, ebenso meiner Mutter. Mein Baby war ja auch zauberhaft. Als G. E., Kais Vater, ging, kam meine Mutter zu mir zurück.

An jenem Tag, als der Fahrer des Krankenautos mein Baby und mich nach Hause fuhr, Kai schlief auf einem Kissen auf meinem Schoß, musste der Fahrer unterwegs zu einem Mann mit Schädelbruch. Dieser arme Verunglückte war mit einem Fahrrad von einem steilen Hang gestürzt. Wir brauchten nicht von Förtha nach Eisenach umzukehren. Der gerufene Krankenwagen fuhr zum Verletzten. Der Fahrer, der Kai und mich nach Lauchröden fuhr, sprach: »Dieser Mann wird sterben, sein Schädel ist zu sehr gebrochen. Ich dachte: »Kinder werden geboren, andere sterben, wie dieser Mann.«

Gefahr

Tage vergingen. Ich musste nach Eisenach zum Jugendamt, um einiges zu klären. Als ich das Jugendamt verließ, begegnete ich Kais Vater mit seiner Frau. Er war vom Jugendamt aufgefordert, zu kommen, um zu klären, was er für Kai zahlen sollte. Wir sahen uns nur an. »Ich brauche dich nicht mehr, ich habe dich in Kleinformat zu Hause«, diese Worte vernahm er von mir. Ich ging. Jetzt wusste er Bescheid. Mein Herz hing nur noch an meinem Kai, mein süßes Püppchen. Wenn Kai in der Nacht Durst hatte, gaben meine Mutter und ich ihm abwechselnd Kümmeltee zu trinken. Danach schlief mein Baby wieder ein. Eines Tages, Kai schlief in einem fahrbaren Körbchen. Er war noch zu klein für ein Kinderbettchen. Außerdem fuhr ich ihn mit dem Körbchen, wenn er nicht einschlafen konnte, hin und her. Das Fahren des Körbchens beruhigte ihn. Jedenfalls war es mir, als sollte ich nach ihm sehen. Irgendetwas zog mich gedanklich nach oben, wo Kai schlief. Ich lief zu ihm die Treppen hoch, öffnete die Schlafzimmertür. In jenem Moment fing das Ofenrohr zu rauchen an. Sofort legte ich die Babydecke über das

Körbchen, fuhr mein Baby in das Badezimmer, wo es geschützt war, und entfernte schnellstens die Babydecke. Kais Schutzengel war es, er hatte mich gerufen. Dafür bin ich Gott bzw. seinem Sohn Jesus Christus dankbar.

Damals sah ich die Rettung von Kai als einen Zufall an. Ich beachtete nicht die Einzelheiten, nicht den Ruf.

Mein Kai, mein wunderschönes Püppchen, wuchs heran, konnte jedoch nicht gehen. Er war ja noch ein Baby. Ich musste wieder zur Arbeit als Verkäuferin im Steppke in Eisenach. Mutti kümmerte sich um unseren kleinen Schatz, auch Nanni. Denn Mutti hatte viel Arbeit (LPG auf dem Hof, Oma, Opa usw.) Das Jugendamt verschwieg mir, dass ich für drei Jahre hätte zu Hause bleiben dürfen. Für sie war meine Mutter für Kai da, obwohl sie für die LPG arbeitete, aber es war zu Hause. Darum ging es dem Jugendamt. 350,00 Mark hätten mir monatlich vom Staat zugestanden, als ledige Mutter. 400,00 Mark bekam ich als Verkäuferin. Ein Vorteil ist es, ich arbeitete dadurch drei Jahre länger für die Rente in der Zukunft. Von den 350,00 Mark monatlich erfuhr ich erst drei Monate vorher, bevor Kai drei Jahre wurde. Es lohnte sich nicht mehr, beim Jugendamt zu klagen.

Nun zurück zum Baby Kai. Seine Taufe stand bevor. Es wurde auch Zeit, das Taufkleidchen passte kaum. Doch vorher offenbarte mir Mutti, dass sie weiter mit meinem ehemaligen Freund, dem Unteroffizier Bernd B., in Verbindung stand und ihn zur Taufe eingeladen habe, was er laut seinen Angaben als Armeeangehöriger nicht durfte. Was mir gar nicht gefiel. Ich wollte noch keinen Mann. Meine Liebe galt nur Kai, meinem Baby. Da Kai keinen Vater hatte, widmete ich ihn vor der Taufe Gott und bat ihn, sein Vater zu sein. Indem ich meine Arme gen Himmel erhob, vor Kais Bettchen stehend. Ich glaubte zwar noch nicht an Gott, doch mein Liebling brauchte einen guten Vater, der ihn beschützt. Bettels war extra von Berlin zu mir gekommen. Ich musste es akzeptieren. Beim dritten Besuch, nach der Taufe, brachte er Verlobungsringe mit. Das ging mir zu schnell. Abends versuchte ich ihn im Badezimmer auf dem Sofa mit einem durchsichtigen roten Unterrock, besetzt mit schwarzer Spitze, zu verführen. Vor mir saß kein Mann, sondern eine lebende Statue. Ich schmuste sein Gesicht, obwohl ich ihn nicht liebte. B. Bettels war schüchtern, er rührte sich nicht. Kommenden Tages gab ich ihm den Ring zurück. Er ging sofort zum Bus.

Schutzengel

Eines Tages, es war Wochenende, war es mir, als sollte ich zum Küchenfenster gehen. Irgendetwas zog mich dorthin. Es war nicht meine Art, den Leuten hinterherzuschauen, die an unserem Haus vorbeigingen. Aber dieses Mal zog es mich ans Fenster.

Elschen, eine Freundin von Mutti, sah mich an, zeigte mit dem Zeigefinger nach oben. Ich begriff, irgendetwas ging bei meinem Baby vor sich. Eilig rannte ich nach oben, öffnete die Schlafzimmertür und erblickte meinen Kai, wie er sich mit dem Schlafsack an der Kommode hochzog. Er schaute mich lächelnd mit seinen schönen dunklen strahlenden Augen an. Sein rotes Mündchen leuchtete. Die Gardine des kleinen geöffneten Fensters bewegte sich zur leichten Brise des Windes. Aha, da wollte mein Schätzchen hinkrabbeln.

Gut, dass sein Schutzengel Elschen bzw. mich rief, um einen sehr tragischen Unfall zu verhindern. Ich legte mein Baby ins Kinderbett, gab ihm seinen Nuckel. Er schlief sofort ein. Er hatte sich eingenuckelt. Der Schnuller fiel aus seinem Mündchen. Ich schloss das Fenster, öffnete nur noch die obere Luke des Fensters. Damals glaubte ich noch nicht an Gott, ich hielt Kais Rettung für Zufall, nicht durch einen Engel. Erst später, als ich mit 34 Jahren zum Glauben an Gott durch seinen Sohn Jesus Christus kam, fiel mir diese Episode ein. Ich ging zu Elschen, einer gläubigen Christin, sie zu befragen. Sie konnte doch nicht durch Wände schauen. Was veranlasste sie, mit dem Finger nach oben zu zeigen? »Ich sah einen dunklen Schatten hinter dem oberen Fenster, vermutete nichts Gutes«, offenbarte sie mir. Also wollte irgendetwas »Böses« meinen Kai töten, um mich zu vernichten. Er wollte meine zukünftige Rettung durch Christus verhindern. Ein Dämon, der sich mir nicht zeigte, hatte Kai zur wehenden Gardine gelockt.

Vielleicht verschwand er auch, als ich zur Tür hereinging, begleitet von meinem Schutzengel. (Zu lesen in der Geschichte »Marie und das Fräulein von der Brandenburg«. Ich bin die Marie.) Dieser oder ein ähnlicher Vorfall kam bei meinem lieben Kind nicht wieder vor, dank Gottes Schutz. Wenn dies in der Woche, wo ich in Eisenach arbeitete, geschehen wäre. Nicht auszudenken, mein armes Baby wäre aus dem Fenster gefallen. Denn meine Mutter und andere Familienangehörige hatten keine Beziehung zu Gottes Engeln, außer Oma. Der Ruf der Engel wäre umsonst gewesen. Auch mein Leben wäre umsonst gewesen.

Auch mein Leben wäre zu Ende gegangen, wie das meines geliebten Kindes. Gott hätte einen Weg gefunden, Kai zu retten.

Da ich keine Lust mehr hatte, mir einen Mann auf dem Tanzsaal zu suchen, versuchte ich es über die Zeitung. Fünf junge Männer antworteten mir. Es kam keiner in Frage, ich sandte ihnen ihre Fotos zurück. Bis auf einen. Wir trafen uns am Ausgang des Kinderkaufhauses »Steppke«. Doch genau an diesem Tag wollte noch ein junger Soldat mich abholen. Wir hatten uns im Bus nach Lauchröden gegenseitig angesehen. Er war niedlich, braune Haare. Ich trug meine dunkelbraunen welligen Haare offen (lang). Meine dunklen Augen sahen ihn an, und mein roter Mund lächelte den hübschen Soldaten an. (Meine Schwester hatte mal zu mir gesagt: »Wenn du vom Bus kommst, leuchten schon von weitem deine Augen sowie dein roter ungeschminkter Mund.« Sie sah öfters aus dem Fenster nach mir, wenn ich nach Hause ging.) Der Soldat brachte mich nach Hause. Wir küssten uns zum Abschied. In Eisenach war er nicht schnell genug.

Der junge Mann mit dem Motorrad war der erste, mit ihm ging ich in eine Gaststätte. Er kam jeden zweiten Tag und nahm mich mit nach Hause. Da er hübsch war, verliebte ich mich in ihn. Seine Haare waren dunkelblond (ab 30 Jahre, braun, da gefiel er mir noch besser). Er wohnte bei seinen Eltern im Haus. Es war Winter. Ich fuhr mit dem Taxi, Kai im Arm zu ihm. Es war Sonntag. Als mein zukünftiger Mann J. H. mit dem Auto zum Bus fahren wollte, war die Straße dick verschneit. Ich musste über Nacht mit Kai bei ihm bleiben. Kai schlief in einem Kinderbettchen. Tags drauf kam Mutti. Sie war besorgt. Ich war froh, als sie kam. J. fuhr uns mit dem Auto nach Eisenach zum Busbahnhof. Zum Glück stand der Lauchröder Bus da. Mutti stieg mit Kai ein. Ich brachte ihr die Tasche nach, wo Kais Sachen darin waren, die ich mitnahm, als ich zu J. mit meinem einjährigen Baby gefahren war, mein süßer Kai. Ich ging zur Arbeit. Dort wunderten sie sich, da ich erst gegen 13.00 Uhr kam. Nach meiner Erklärung waren sie zufrieden. Sie sahen selbst draußen den vielen Schnee. Ich brauchte nicht nachzuarbeiten.

Da ich meinen Kai immer erst nach der Arbeit und der langen Busfahrt von Eisenach nach Lauchröden über Förtha um 19.30 Uhr sah oder gar nicht (höchstens schlafend), da er bereits in seinem Bettchen lag, hörte ich im »Steppke« auf. Bei der Notenbank als Rechnungsschreiberin kam ich an. So war ich bereits nach der Arbeit um 17.45 Uhr zu Hause, konnte mein niedliches Söhnchen sehen. Ich war glücklich, als ich mich um ihn kümmerte.

J. und ich heirateten im Juni 1970. Abends vorher schmückte ich mein Hochzeitskleid mit weißen Perlenketten, die ich vorne an den Ärmeln nähte, eine große weiße Perlenkette an den Saum. Am Hochzeitstag liefen wir zum Standesamt, nicht weit von J. Mutters Haus. Wir beobachteten nicht die Menschen, die uns nachsahen. Die Hochzeitsfeier war nicht groß, eine einfache Feier zu Hause. Mit wenigen Gästen. Wichtig war für mich, meine Mutter war zugegen und Verwandte, Freunde.

Mein Mann und ich hatten noch keine Wohnung. J. wohnte bei seiner Mutter in Eisenach. Eine Nacht nach der Arbeit hielt ich mich bei ihm auf. Den kommenden Nachmittag, Abend sowie die Nacht bei meinen Kai zu Hause in Lauchröden. War ich nicht anwesend, kümmerten sich meine gute Mutter und Nanni fürsorglich um mein Kind.

Weihnachten 1970. Mit meinem Kai hielt ich mich bei meinem Mann auf. Kai saß gerade in einem Schaukelpferd, als Mutti anrief, uns mitteilte, Opa sei an einem Gehirnschlag gestorben. Gut, dass Kai nicht in Lauchröden war. Wie leicht hätte Opa auf ihn fallen können. Denn sie waren oft zusammen, gingen gemeinsam spazieren. Armer Opa, es tat mir sehr leid.

In Wahrheit fiel Opa im Flur vor der Kellertür um. Kai hätte aber auch dort sein können, es miterleben müssen. Bald danach war Opas Beerdigung. Die erste Trauerfeier für meine Geschwister, meine Cousine und mich.

Opa ruhte im Sarg. Er gefiel mir immer noch, trotz der Leichenstarre. Da es Winter war, war die Farbe durch die Kälte noch schön.

Chris

Im Juli 1971 gebar ich nach 13 Stunden Wehen (wie bei Kais Geburt) mein niedliches Söhnchen Chris. Seine Haare zeigten eine blonde Farbe.

Nach dem Krankenhaus-Aufenthalt fuhr mich ein Krankenwagen nach Lauchröden. Mein süßes Baby lag auf meinem Schoß. Jürgen und Mutti erwarteten uns, auch Nanni und Oma.

Post

Nach Beendigung des Wöchnerinnenurlaubs lernte ich in Lauchröden auf der Post. Mein Mann wohnte noch in Eisenach bei seiner Mutter im Haus. Er besuchte uns in Lauchröden. Durch die Post bekam ich eine Wohnung in Seebach. Wieder konnte ich kein Babyjahr antreten, mich nicht genug um mein Baby kümmern, auch nicht um Kai.

Wenigstens hatten wir eine gemeinsame Wohnung. Mutti behielt anfangs Chris. Kai hatte sie sowieso. Maria, J.s Mutter, behielt noch ein paar Wochen Chris. Ehe Chris in die Kinderkrippe nach Seebach kam, so dass ich auf der Post in Seebach am Schalter meine Arbeit verrichten konnte. Eines Tages, ich war gerade an der Arbeit. Nachmittags kein Kunde. Nach ein paar Minuten kam ein Lehrer mit einem Paket. Er sah mich an »Ich liebe sie«, waren seine Worte. Sein Gesicht errötete leicht. Ich ging nicht darauf ein, sagte nichts. Nun ja, er war in mich verliebt. Ich sagte mir, er ist verheiratet, ich bin es ebenso. Was soll das? Vielleicht fühlte er sich leichter, wenn er diese Worte aussprach.

Sein Paket nahm ich, gab ihm die Quittung, als

er bezahlte. Und machte das Paket zum Versand
fertig. Er verließ die Post.

Fasching

Ein paar Wochen später war Fasching. Ich zog mein Hawaiikostüm an. Ein enges bis zu den Waden langes grünes Kleid mit schönen Mustern bedruckt, breiten Trägern bis unter die Brust, ein linker Seitenschlitz am Bein bis zum Anfang des Oberschenkels. Ein Höschen aus dem gleichen Stoff. Eine fleischfarbene enge Bluse unter dem Oberteil des Kleides. Das Kleid und passende Höschen hatte ich selbst genäht. Um den Hals trug ich eine künstliche Stoffblumenkette bis auf den Busen. In meine dunklen, welligen, langen Haare steckte ich mir eine dunkelrote große Stoffrose, die mir gut zu Gesicht stand. Mein Mann und ich gingen zum Rosenmontag. Er trug einen Anzug, kein Kostüm. Als wir im Klubhaus den Tanzsaal betraten, rief ein junger Mann: »Hawaii 5-0«, was mich nicht störte. Wir saßen am Tisch. Mein Mann wollte nicht tanzen. Ich wagte nicht, mir einen Tanzpartner zu suchen, sah auch keinen Bekannten. Wir waren noch nicht lange in Seebach.

Nach einiger Zeit forderte mich ein junger Mann zum Tanzen auf. Er tanzte mit mir bis rechts von der Musikkapelle, knutschte meine vollen roten Lippen. Da er sich nicht getraute, mich zu meinem Mann zurückzuführen, verabschiedete er sich ungefähr in der Mitte der Tanzenden von mir. Der junge Mann wollte also nicht tanzen, sondern meinen Mund küssen. Mein Mann sagte nichts zu mir. Zum Glück hatte er mich nicht beobachtet.

Einen Monat später holten wir Chris, unser Baby, von Maria. Die Kinderkrippe in Seebach war endlich eröffnet. Kai ließ ich noch ein viertel Jahr länger in Lauchröden, Mutti und Nanni wollten ihn unbedingt noch behalten. Nach diesem viertel Jahr fuhren wir nach Lauchröden, um Kai zu uns zu holen, den Mutti nicht gerne hergab. So sehr liebte sie ihn, ich aber auch. Nanni, meine Tante, weinte beim Abschied, auch Mutti.

Wie Chris war auch Kai meine Liebe. Ich hatte beide geboren. Kai ging in den Seebacher Kindergarten.

Als ich von einem Mädchen aus Kais Gruppe erfuhr, dass Jungen ihn ärgerten, hoch hoben und fallen ließen, schmerzte mein Herz. Tags darauf stellte ich die Kindergärtnerin zur Rede. Sie möge besser aufpassen, half nichts. Ab und zu ärgerte ein Junge Kai. Zufällig traf ich ihn mit seiner Mutter. Kai hatte auf ihn gezeigt. Jetzt wusste ich, wer es war. Ich befragte ihn, am liebsten hätte ich ihn geohrfeigt, was gegen meine Natur ist. Seine Mutter zeigte sich entsetzt über die Frechheit ihres Sohnes, was nichts Neues für sie war.

Ich bereute, dass ich Kai drei Monate länger in Lauchröden ließ, weil Mutti und Nanni ihn am liebsten gar nicht hergeben wollten. Mein armes Kind musste dafür büßen, und mich schmerzte es, da ich ihm nicht beistehen konnte, wo ich an der Arbeit war. Kai war neu in dieser Kindergartengruppe, deshalb ärgerten ihn Kinder. Mein Herz tat mir weh. Ans Beten dachte ich nicht, da ich noch ungläubig war.

Mein Baby Chris krabbelte gerne in der Nacht ab eineinhalb Jahren von seinem Kinderbett zu uns ins Ehebett. In der Mitte des Bettes hatte ich bereits ein Unterbettchen, ein Kissen und eine kleine Bettdecke für ihn vorbereitet.

Chris wollte bei uns schlafen, was er auch tat. Er fühlte sich wohl bei uns. Doch leider fiel er in Lauchröden, als wir dort eine Nacht übernachteten, aus dem Kinderbettchen. Es stand anders, ans Fußende passte es nicht. Es war wegen des Ofens zu eng. Wir hatten nicht an die nächtlichen Besuche von Chris gedacht. Gott beschützte ihn, ihm war zum Glück nichts passiert. Er war nicht auf sein Köpfchen gefallen, er lag auf seinem durch Windeln gepolsterten Bauch.

Da er erschrak, weinte er kurz. Ich nahm ihn zu mir ins Bett, was breit genug war, wo Chris ruhig einschlief. Mit der Decke vom Bettchen deckte ich ihn zu. Kai schlief bei meiner Mutter. Am nächsten Tag fuhren wir vier wieder nach Hause (in Seebach).

Ich arbeitete nicht mehr auf der Post, sondern in der TKO im Betrieb der Uhren und Maschinenfabrik Seebach. Ich konnte eineinhalb Stunden früher zu Hause sein, hatte mehr Zeit für meine Kinder.

Frühs lief ich durch den Betrieb, machte für die TKO (Kontrolle) die Anwesenheitsliste, danach Schreibmaschine. Eines Tages, ich hatte Kai in den Kindergarten, Chris in die Kinderkrippe gebracht, lief ich eilig die Treppe zur TKO hoch.

Plötzlich hielt mich ein junger Mann fest, küsste mich auf meinen Mund. Es ging alles so schnell, dass ich ihn nur noch von hinten sah, als er die Stufen nach unten lief. Ich ging eilig nach oben ins Büro.

Im Büro der TKO schrieb ich an der Schreibmaschine, als ein Mann von außen an das Fenster klopfte. Ich wunderte mich sehr, öffnete. Er kletterte durch das Fenster, bedankte sich bei mir und verschwand durch die Tür. Ich fragte mich, wo er herkam. Schließlich befand sich das TKO-Büro im obersten Stockwerk.

Nicht auszudenken, wenn der Mann abgestürzt wäre.

Gut, dass ich da war. Ich erzählte alles meinem Chef, als er kam. Es war nach Mittag. Wieder war ich alleine.

Der junge Mann von der Treppe kam herein, wollte sich mit mir verabreden. Ich ging nicht darauf ein. Zum Glück kam mein Chef. Der junge Mann ging. Ich war froh, dass er mich nie mehr belästigte.

Ich fing im Uhrenabsatz an der Fakturiermaschine an. Einmal im Jahr feierte der Uhrenabsatz freitags nach der Arbeit. Wo das war, ist nicht zu beschreiben, das Gebäude existiert nicht mehr.

Wir feierten diesmal zur Faschingszeit. Ich ging als Cleopatra, trug das gleiche Kleid, was ich sonst als Hawaiimädchen anhatte, da das Muster altägyptische Figuren zeigte. Meine fleischfarbene enge Bluse bedeckte die Brust unter dem Kleid, auf dieser ein breiter selbstgebastelter Schmuck um meinen Hals hing, wie es die Pharaoninnen trugen, sowie Stirnschmuck. Nur ihrer war echt. Ich tanzte zur Discomusik, eine Art Bauchtanz, wie es am besten zum Rhythmus passte. Ich bemerkte einige Kolleginnen sowie Kollegen, auch von den Boney-M.-Klängen ergriffen, wie sie

im Kreis um mich herum gleichmäßig sich bewegten, als ob sie sichs ausgemacht hätten. Auch
ein Kollege tanzte mit mir nach Discomusik. Es
war ein schöner Abend.

Einmal fuhr der Uhrenabsatz mit einigen Mit-
arbeitern Samstagmittag nach der Arbeit mit den
eigenen Autos nach Leipzig. Wer kein Auto fuhr,
wurde mitgenommen. In jedem Auto befanden
sich circa vier Personen. Der Uhrenabsatz war
einer Einladung gefolgt. Wir bekamen im Inter-
hotel Doppelzimmer, ich ein Einzelzimmer. In
der Nähe waren wir zum Essen und Tanz eingeladen.
   Ich wollte nach Discomusik tanzen, hatte jedoch keinen Partner. Alleine getraute ich mich
nicht, also forderte ich einen jungen Mann auf.
Er tanzte mit mir drei Tänze. Danach war Pause.
Nach einiger Zeit, gegen 22.00 Uhr, verließ ich
die Gesellschaft, ging alleine zum Hotel. Als
ich mich im Fahrstuhl befand, kam ein junger
Ungar hinzu. Er betrachtete mich von oben bis
unten, lud mich ein, zu ihm ins Zimmer zu kommen, er sei alleine, nannte mir seine Zimmernummer. Ich schwieg nur, dachte mir meinen
Teil. Da ich verheiratet war, sagte ich mir, was
sollte ich mit diesem Mann? Selbst wenn ich
ledig gewesen wäre, wäre ich nicht zu ihm gegangen, zu einem fremden Mann. Er wohnte in

der gleichen Etage. In meiner Angst, er würde mir folgen, schloss ich sofort die Tür meines Zimmers zu, als ich es erreichte. Ob er mir gefolgt oder eine andere Richtung ging, beachtete ich nicht. Jedenfalls war ich in meinem Zimmer sicher, dies war für mich wichtig. Als die Zeit verstrich, wo er mich erwartete, bemerkte ich, wie jemand die Tür öffnen wollte. Gut, dass sie verschlossen war. Man schließt sowieso die Türen in Hotels zu. Ich hatte dem Ungar meine Zimmernummer nicht genannt. Vielleicht war er mir leise gefolgt, beobachtete mich, als ich ins Zimmer ging. Meinen Namen wusste er nicht. In dieser Nacht schlief ich schlecht, vielleicht war es der Wein, den ich bei der Feier getrunken. Es war ein ungarischer süßer Wein. Am nächsten Morgen nach dem Frühstück fuhren wir nach Seebach.

Kai ging in die 1. Klasse, der freche Junge ärgerte ihn immer noch, schlug sogar. Mein Mann zeigte Kai, auf meine Bitte hin, wie er sich durch Boxen wehren konnte. Kai wusste nun, sich zu verteidigen. Der Junge ließ Kai in Ruhe, versuchte es jedoch immer mal wieder. Kai ließ sich nichts mehr gefallen. Chris kam drei Jahre später in die Schule. Sie halfen sich gegenseitig, wenn sie angegriffen wurden. Als sie älter waren, beschützten Kai und Chris jüngere, kleinere Kinder auf dem Schulhof, wenn diese in Gefahr gerieten, angegriffen zu werden. Es war mir recht, kleinere Kinder brauchten Schutz. Ich hatte es ihnen gesagt. Mir fällt ein, auch Kai bekam Schutz von einer älteren Lehrerin, als Chris noch in den Kindergarten ging. Sie erzählte es mir. Wenn sie Aufsicht auf dem Schulhof hatte, beschützte sie Kai vor jedem Bösen. Ich freute mich über diese nette Frau, dankte ihr. Sie war eine Christin.

Bellin

Im Urlaub fuhren wir öfters nach Bellin. Einmal als Chris kurz vor seinem achten Geburtstag war, passte ich nicht auf ihn auf. Ich sah zu Kai, er schnorchelte fast am Strand, vor dem Schilf. Chris trieb auf einer Luftmatratze liegend vom Strand weg. Ca. 13 bis 15 Meter vom Strand entfernt tauchte ein älteres Paar hinter einem Gebüsch in einem Boot auf. Mein Mann versuchte, Chris schwimmend zu erreichen. Eigenartig, die Wellen trugen Chris hinaus, hinderten jedoch meinen Mann, zu ihm zu schwimmen. Das ältere von Gott geschickte Paar nahm Chris mit der Luftmatratze in ihr Boot. Mein Mann bat sie rufend darum. Wir waren froh, als sie unser Kind zu uns brachten. Gott sei es gedankt. Mein Mann denkt noch heute, der Strand wäre viel weiter vom rettenden Boot entfernt gewesen. Es ist nicht so. Der Beweis ist auf meinem Video. Mit einer Schmalfilmkamera filmte ich ein andermal den Strand sowie das Gebüsch, wo das ältere Paar mit dem Boot hervorschwammen. Es ist nicht weit, ca. 13 bis 15 Meter. Doch ich hätte auf Chris aufpassen müssen. Zum Glück kamen zwei Engel in Menschengestalt und retteten

Chris. Manchmal denke ich, es waren wirklich Engel, gesandt von Gott, denn Jesus Christus hatte in der Zukunft einiges mit Chris vor.

Die Zeit verging. Wir waren wieder Mal in Lauchröden. Es war Ostern. Ein Spielfilm von Jesus Christus lief im Fernsehen. Auch mein Bruder war anwesend. Weder ihm noch Nanni gefiel der Film. Der Fernseher wurde abgestellt. Es war mein erster Jesusfilm (Jesus nach Matthäus, schwarz-weiß gedreht). Es faszinierte mich, wie der Schauspieler, der Christus darstellte, die Bergpredigt sprach. Ich bat Oma um Sichtung des Filmes, denn sie interessierte sich auch für diesen Spielfilm. Der Film lief weiter. Ich spürte, wie Christus mich innerlich rief. Eine Sehnsucht durch seine Liebe ergriff mein Herz. Ich wollte Ihm gehören, alles von Ihm wissen. Eine alte Bibel von Oma klärte mich nach und nach auf. Es war in Seebach. Kaum konnte ich es erwarten, das »Neue Testament« zu lesen. Das »Alte Testament« hatte ich im Lesen hinter mir. Mit Lesen des »Neuen Testaments« fühlte ich mich Jesus Christus immer näher. Weiße, strahlende Kreuze, die meine Augen erhaschten, zogen mich zu ihm hin. Ich gehörte Christus unserem Retter, meinem Retter. Ich war 34 Jahre. Doch Satan passte dies gar nicht. Eines Tages früh im Bad, ich wusch gerade mein Gesicht, knurrte es aus der rechten Ecke neben mir. Es klang wie das böse Knurren eines großen Hundes, was jedoch ein Dämon war, ein Diener Satans, der nicht zu sehen war. Jesus Christus beschützte mich durch seinen Engel. Er bewahrte mich vor dem Angesicht des Teufels. Was Er noch heute tut. Ich soll nicht das Grässliche sehen, auf dass ich mich nicht fürchte. Ich fühlte mich sicher unter der Obhut von Christus. Der Dämon war mir egal. Es wurde ruhig, der Böse verschwand.

Clemenskapelle

Wochen später verabredete ich mich mit einem evangelischen Pfarrer in der Clemenskapelle Eisenach, um meine Sünden Gott zu bekennen. So fühlte ich mich sicherer. Ich stand vor dem Altar, der Pfarrer rechts von mir, als ich bemerkte, wie mich etwas Unsichtbares vom Altar wegziehen wollte, das gleichzeitig auf meine Schultern einen Druck ausübte. Ich ließ mich nicht stören, beichtete Gott meine kleinen Sünden. Danach bat ich ihn um Vergebung im Namen von Jesus Christus. Ruhigen Herzens verabschiedete ich mich vom Pfarrer. Man kann überall, wo man sich an einem ruhigen Ort aufhält, bei Gott Vater um Vergebung bitten, nicht nur in der Kirche. Am besten an der frischen Luft oder durch ein Fenster mit Blick zum Himmel. Es ist nicht unser sichtbarer Himmel, es ist ein Himmel einer anderen Dimension, neben unserem Sein.

Ich verteilte christliche Kalender sowie Traktate aus dem westlichen Teil Deutschlands im Uhrenabsatz Seebach, wo ich arbeitete. Natürlich bekam ich mit den Sozies Ärger, was mich nicht störte. Mein Auftrag von Gott war, so fühlte ich im Herzen, Menschen zu Christus zu führen. Sie sollten durch Jesus Christus gerettet werden, denn nur Er ist der Weg zu Gott.

Frau Creutzburg, die ich in Seebach kennengelernt hatte, musste nach Ruhla ins Heim. Da ich mich mal in Ruhla aufhielt, circa eineinhalb Stunden Zeit hatte, ehe der Bus nach Seebach fuhr, machte ich mich auf, sie zu besuchen.

Auf dem Weg zu ihr hielt ein Auto neben mir. Der Fahrer wollte mir helfen, denn der Weg ging bergauf. Ich erzählte ihm, was ich vorhatte. Er nahm mich mit, fuhr mich so weit er konnte. Als ich mich dankbar von ihm verabschiedete, setzte er seine Fahrt fort. Ich bedankte mich bei Christus, denn er hatte mir diesen Engel in Menschengestalt gesandt. An diesem Tag lag Schnee. Es war mühselig, den steilen Berg zum Heim zu gehen. Frau Creutzburg freute sich über meinen Besuch, wenn er auch kurz war.

Katze

Ich nahm eine tiegergraue Katze mit nach Hause, weil sie auf dem Parkplatz nahe unserer Wohnung vor Hunger schrie, um sie zu füttern.

Meinen Kindern gefiel dies, auch die Katze. Nach dem Fressen wollte sie aus der Wohnung. So ging es wochenlang. Da die Katze sich draußen aufhielt, sie gehörte jemandem anderen, wurde sie von einem Auto überfahren. Ich erfuhr es, borgte einen Spaten, legte die tote Katze in einen Karton und ging in den Wald, um sie zu begraben. Mein 11 jähriger Sohn Chris wartete dort auf mich. Als ich bei ihm ankam, hatte er schon fleißig mit einer Kinderschaufel angefangen ein kleineres Grab auszubuddeln, während ich noch an der Arbeit war. Der gute Junge, er wollte mir helfen. Mir tat es sehr leid, wie er sich abgemüht hatte. Ich wusste nichts davon, erst als ich es sah. Guter Chris, auch er liebte diese Katze. Als ich die Katze dank des Spatens begraben konnte, legten wir Steine, die in der Nähe lagen, um das kleine Grab. Ein Holzkreuz, was wir aus Ästen durch einen Strick zusammenbanden, zierte das Grab. Mein älterer Sohn Kai war in dieser Zeit in Lauchröden.

Es waren Schulferien. Er half meiner Mutter. Monate später fanden wir das Katzengrab obendrauf zerstört.

Sächsische Schweiz

In den Sommerferien fuhren wir nicht nur nach Bellin, sondern auch in die »Sächsische Schweiz« bei Dresden für zwei Wochen (1984.)

Vormittags bekletterten mein Mann und meine beiden schon jugendlichen Söhne kleine Felsen, nachmittags große. Eingehauene Stufen erleichterten unsere Schritte zum Felsen hoch.

Pfarrstein

Eines Tages fanden wir nicht den Aufgang des kleinen Felsens. Unser Auto ließen wir in der Nähe stehen, mein Mann kletterte voran, den Pfarrstein hoch. Es war einfach. Der Felsen zeigte große, stufenförmige Gebilde, wo wir uns hochziehen und klettern konnten. Es machte Spaß, auch wenn es nur eine kurze Kletterpartie war. Oben erwartete uns eine rotgestreifte in der Sonne dösende hübsche Katze. Ich streichelte sie, nahm sie in meine Arme, drückte sie zärtlich an meine Wange. Diese zahme Katze gehörte einem Ehepaar, was auf dem Pfarrstein für eine Wetterstation arbeitete. Sie besaßen noch eine schwarze Katze. Jene war aber Fremden gegenüber scheu. Eine Weile blieben wir auf dem Pfarrstein, blickten von dort hinüber zu den anderen Felsen. Schließlich fanden wir einen Weg nach unten, wanderten um den Felsen, fanden den hellen Trabi (unser Auto).

Berlin

Eines Tages fuhren wir vier von der Liethenmühle, wo wir uns in diesem Gästehaus auf-
hielten, nicht zu den Felsen, sondern nach
Berlin. Wir mussten Schlange stehen, so war
es eben in der DDR. Pfirsiche gab es vielleicht
zweimal im Jahr in Seebach. Ich kaufte auch
drei große grüne Melonen, die natürlich reif
waren, mit einem roten Fruchtfleisch, süße
Wassermelonen. Ich wollte den Kindern in der
Liethenmühle Freude bereiten. Die Melonen
waren sehr schwer, ich konnte sie kaum halten.
Ein junger Mann, den mir Gott sandte, sah es,
hob sie für mich auf. Dankend ging ich ein paar
Schritte weiter, als mein Sohn Chris auftauchte.
Er hatte Beutel dabei, nahm mir einzeln zwei
Melonen ab und legte sie in die Stoffbeutel. Ich
war die größte Last los. Eine Melone trug ich in
einem Netz. Mein Mann kam uns entgegen, er
nahm den Beutel sowie das Netz mit den Melonen, trug alles zum Auto. Als meine Söhne
Chris und Kai, mein Mann und ich in der Liethenmühle ankamen, freuten sich die Eltern
der Kinder über halbe Melonen, die sie uns be-
zahlten. Eine halbe Melone behielten wir. Auch

Melonen gab es selten. Nach dem Urlaub fuhren wir vier nach Seebach, unserem Zuhause.

Meine Schwester erzählte mir von einem Arzt, wo man nicht so lange im Wartezimmer sitzen muss, wenn man jung ist. Als mir durch meine Arbeit an der Fakturiermaschine im Uhrenabsatz ein Arm ziemlich stark schmerzte, ging ich dorthin, um mich krankschreiben zu lassen. Mein Arm brauchte Ruhe.

Kaum dass ich mit anderen Patienten warten musste, öffnete sich die Tür. Der Arzt sah mich an, forderte mich auf, in die Sprechstunde zu kommen. Ich ging hinein. Er wollte aber noch mehr vom Oberkörper sehen als nur den nackten Arm. Was soll das, waren meine Gedanken, der Arzt nutzt es voll aus, Chirurg zu sein. (Seinen Namen möchte ich verschweigen, obwohl ich ihn kenne.) Er schrieb mich krank. Nach einigen verlängerten Krankschreibungen wollte er sich mit mir verabreden. Da ich als verheiratete Frau und Christin nicht darauf einging, wurde ich sofort von ihm gesundgeschrieben. Es störte mich nicht. Mein Arm war wieder in Ordnung.

Glaube (Erleuchtung)
Omas Geist

Es war das Jahr 1985. Meine Oma in Lauchröden starb. Wir waren in der Kirche zur Trauerfeier. Zwei Wochen später die Urnenbeisetzung. Die Urne sollte in Opas Grab. Ich schmückte sie mit einem einfachen Kettchen, woran ein Kreuz hing. Ich nehme an, Omas Geist war anwesend, beobachtete alles. Denn abends in der Wohnstube bei meiner Mutter und Tante bemerkte ich, etwas zog mich zum Fenster, welches auf der Seite des Hofes war. Der Geist meiner Oma blickte mich durch das geschlossene Fenster an. Sie wirkte jung. Ein weißes Tuch schmückte ihr Haar. Zu Lebzeiten trug sie ein weißes Kopftuch, wenn sie auf dem Feld arbeitete. Ihr Gesicht leuchtete im hellen himmlischen Glanz. Sie lächelte mich an, nickte mir zu und verschwand vor meinen Augen. Ihre Seele war in den Himmel einer anderen Dimension entglitten. Da Oma bereits jung anzusehen war, muss sie schon bei Christus gewesen sein. Sie kehrte zu ihrer Urnenbeisetzung zurück, sah das Kreuzchen an ihrer Urne. Die anderen im Wohnzimmer bemerkten von Omas Erscheinung nichts, denn sie hatten keinen Bezug zu Gott, wollten von Jesus Christus nichts wissen. Kai und Chris waren zu Hause in Seebach geblieben. Ich war mit meinem Mann gekommen. Die Anwesenden waren mit sich beschäftigt, ungläubig. Sie hatten keine Gottesgabe erhalten. Die ich bereits vor meinem Glauben an Gott etwas vom Himmel erhielt, doch als Jugendliche nicht begriff, als ich die Erscheinung im Flur sah. Es war damals für mich alles Zufall, jedoch in Wahrheit Gotteslenkung. Jenes Fenster, durch welches sich Omas Seele von mir verabschiedete, befand sich über einer Außentreppe. Also konnte kein Mensch von außen durchs Fenster sehen, denn es war unmöglich, unter diesem Fenster eine Leiter oder einen Stuhl aufzustellen. Es wäre umgefallen. Vom Boden bis zum Fenster war es zu hoch, um ohne Stehhilfe von außen in die Stube zu schauen. Dies konnte nur ein schwebender Geist, in diesem Fall Omas wunderschöne Seele.

An der Arbeit (Uhrenabsatz) in den Pausen verteilte ich christliche evangelische Traktate aus der BRD, die ich von Missionswerken geschenkt bekam. Dadurch lud ich mir Ärger mit den ungläubigen Sozies auf, musste zu ihnen ins Büro. Sie verlangten von mir, Gottes Wort nicht mehr zu verteilen, drohten mir jedoch nicht. Ich stand unter Gottes Schutz, Christus stand mir bei und ich verteilte weiter. Die Mitarbeiter waren mir wichtiger. Man ließ mich in Ruhe.

Wie ich unsere süße Micki – Katze fand

Sie war ein kleines schönes Kätzchen, als ich sie vom Maschinenabsatz mit nach Hause nahm. Chris freute sich schon darauf. Mickis schönes Fell war grau-weiß. Ein rotes Näschen zierte ihr weißes Gesichtchen.

Mandelaugen sahen mich an. Links und rechts der schönen Smaragdaugen schmückte sie ein graues Muster des Fells. Später als sie rollig wurde, gab ich sie meiner Mutter in Lauchröden. Nun konnte Micki auf ihren Kater warten. Als die Schwangerzeit vorbei war, fanden wir niedliche Kätzchen bei ihr. Micki war glücklich, als sie ihre Kinder säugte. Mit der Zeit wurden meine Familie und ich für Micki fremd, was nicht schön für uns war. Ich war selbst schuld, hatte ich sie doch weggegeben. Ich sah Micki in der Tür der Scheune stehen. Sie machte Anstalten, wegzulaufen. Mein Gebet erhob sich zu Christus. Auf einmal blieb Katze Micki gleich einer Statue stehen, rührte sich nicht. Ich lief zu ihr. Sie ließ sich streicheln. Es machte mich glücklich. Ein Engel hielt sie fest. Er zeigte sich mir nicht. Vielleicht hätte er es getan, wenn ich ihn darum bat, doch möchte ich nicht mit Erscheinungen reden. Ein andermal, als Micki unter einen Leiterwagen kroch, kam sie doch zu mir, als ich sie rief. Wieder war es ein Engel, der sie zu mir führte.

Ente in Gefahr

Es war das Jahr 1986. Mein Mann, Chris und ich fuhren in den Urlaub. Kai wollte nicht mit. Eines Tages paddelten wir mit einem Boot auf einem See zum gegenüberliegenden Ufer. Eine Wildente war in Gefahr. In ihrer Speiseröhre steckte eine Angelschnur. Vermutlich schnappte sie nach einem Fisch, der an einer Angelschnur hing. Mein Mann schnitt die Schnur durch. Wir nahmen die Ente mit, um sie zum Tierarzt zu bringen. Er wollte gerade die Praxis schließen. Als ich ihm alles von der verletzten Ente erzählte, half er ihr, operierte sie am Hals in seiner Praxis. Auf Anweisung des Arztes brachten wir die Wildente dorthin zurück, wo wir sie einst fanden. Unterwegs streichelte ein etwa fünfjähriger Russenjunge die Ente. Er war glücklich, sein Gesicht strahlte Freude aus, auch seine Mutter. Die anderen Enten kamen uns am See entgegen, begrüßten ihre Gefährtin freudig schnatternd. Die Ente zu finden, war auch eine Gotteslenkung, ihr sollte geholfen werden.

Vision

Es war das Jahr 1989. Meine Tante hielt sich im Heim auf. Ich saß hinten auf dem Moped von Chris, als er mit mir den Berg zum Altenheim in Ruhla hochfuhr. Als wir in ihr Zimmer gingen, befand sie sich im Bett. Da sie nur mit Schwierigkeiten laufen konnte, lag sie lieber. Ich legte ihr ans Herz, Jesus Christus anzunehmen, sich von Ihm retten zu lassen. Wir hatten Angst um ihre Seele. Chris stand neben ihrem Bett, um für sie zu beten. Wir beteten um ihr Seelenheil, auch um die Gesundheit ihrer Beine. Ich stand etwas weiter von ihr. Während des Gebets für sie, schickte mir Gott eine Vision mit dem Bildnis einer Schlange, die sich in den Schwanz beißt. Das Wort »Unendlichkeit« erschien in meinem Gedächtnis. Wer gab es mir ein? Dieses Wort ignorierte ich, auch das Bildnis der Schlange, es gefiel mir nicht. Es passte nicht zu meinem Gebet.

Erscheinung

Ein paar Wochen später, zu Hause beteten Chris und ich gemeinsam für meine Tante. Diesmal bekam mein Sohn die Antwort, seherisch von Gott. »Meine Tante stieg aus ihrem Bett. Ein hellerstrahlendes Licht erschien hinter ihr. Sie verschwand, aber nicht im Licht.« War diese Lichterscheinung ein Engel? Sollte es ein Zeichen sein? Für uns war es die Antwort auf unser Gebet. Hatte Jesus Christus sie geheilt? Wir freuten uns über ihre gesunden Beine. Tage später erfuhren wir von meiner Cousine, dass ihre Mutter gestorben war, genau an diesem Tag, als Chris die Vision von Gott bekam. Diese Vision zeigte also den Heimgang meiner Tante. Zeigte das strahlende Licht ihre Erlösung? Hoffentlich. Mein Sohn Chris sah nie wieder etwas Überirdisches.

Da mein Leben weiter uninteressant war, gibt es nichts zu berichten. Meine Söhne wurden älter, heirateten. Ihre Frauen bekamen Kinder, wie es zu einer richtigen Familie gehört. Mein Ehemann und ich besuchten öfters in all den Jahren die legendäre Brandenburg zwischen Lauchröden und Göringen, nicht weit von Herleshausen und Eisenach (Eisenach – Wartburgstadt). Auch mit unseren Kindern, Jahre später auch mit den Enkeln. Alle zwei Jahre findet auf der Brandenburg ein Fest statt, mit Ritterspielen, Gauklern, Mittelaltermusik usw. Wo auch ich meistens hinging, um mich zu erfreuen. Es war wie in einer anderen Welt, einer längst vergangenen Zeit.

Durch die Widervereinigung Deutschlands war es möglich. Nun konnten wir auch Gegenden Westdeutschlands bereisen, Beispiel Südtirol.

Es war das Jahr 1991. Seit zwei Jahren war ich bei der Wache des Uhren- und Maschinenbetriebs Ruhla/Seebach beschäftigt. Ich kam aus der Nachtschicht, legte mich ins Bett. Kaum hatte mein Mann die Wohnung verlassen, um an die Arbeit zu gehen, als ich bemerkte, dass irgendetwas Unbekanntes auf meine Bettdecke drückte, um mich am Einschlafen zu hindern. Ich sah in Richtung Tür. Zwischen jener Tür und mir blickte mich ein dunkelbekleidetes durchsichtiges Wesen an, ca. 1,50 Meter groß. Ernst schauten seine dunklen Augen. Braune Haare lugten unter einer Kapuze hervor. Die Gestalt war wie ein Mönch gekleidet. Hätte ich gestanden, wäre ich ohne Furcht gewesen. Da ich jedoch lag, wagte ich nicht, nach ihm zu greifen. Vorsichtig drehte ich mich von ihm weg, betete in meiner Angst zu Jesus Christus um Beistand. Ich sah Richtung Gestalt. Sie blickte mich an. Wieder betete ich zu Christus. Doch diese dunkle Gestalt wollte nicht weichen. Endlich beim vierten Gebet bemerkte ich, wie etwas über mich hinwegschritt. Ich öffnete meine Augen, die ich beim Gebet geschlossen hatte, und sah ein fleischfarbenes Bein, welches auf dem Kissen meines Mannes stand. Sein anderes Bein bewegte sich zum Fensterbrett. Jenes durchsichtige Wesen löste sich immer mehr auf, wobei es durch das gekippte Fenster verschwand. Wäre er mir als hellerstrahlender Engel erschienen, hätte ich mich nicht gefürchtet. Warum war es überhaupt gekommen? War es ein Bote Gottes oder ein Geistwesen? Viele Jahre später erfuhr ich von meiner zukünftigen Freundin Inge, es war ein Engel. Ihr Engel hatte es ihr gedanklich übertragen.

Es war das Jahr 1998. Von meiner Schwester erfuhr ich aus der Zeitung, Kais Vater war gestorben. An Krebs, dies sagte mir telefonisch seine Frau. Wenn ich zurückdenke, er suchte mich in Verkaufsstellen in Seebach. In der Hoffnung, mich beim Einkaufen zu finden. So ging es über 20 Jahre, bis er starb. In diesen Jahren traf ich ihn etwa nicht mehr als acht Mal. Wir begrüßten uns, ich ging weiter. Vielleicht liebte er mich doch. Darüber dachte ich nicht nach, als er noch lebte. Ich war verheiratet. Für mich war er wieder gut. Schließlich hatte ich ihn mal geliebt. Er wollte mich sehen, bevor er starb. Seinen Wunsch konnte ich nicht erfüllen, er starb zu schnell. Ich bete, dass ich ihn im Himmel finde. Auf der Erde konnten wir nicht zusammen glücklich sein.

Tumor – Strahlendes Licht im Tunnel

Es war das Jahr 2001. Ein Tumor 4,5 Kilo schwer, drückte auf meine Lunge. Die Ärzte in Bad Berka wollten mich nicht operieren, sie dachten, ich hätte Krebs. Mein Sohn Chris gab mir auf Wunsch das christliche Abendmahl. Er hatte es mir angeboten. Mein Sohn Kai überzeugte die Ärzte, mich zu operieren. Er wollte ihnen gerichtlich nach meinem Tod beweisen, indem ich von anderen Ärzten in einem anderen Krankenhaus geöffnet wurde, dass mich eine OP rettete. Und sie rettete mich. Es war kein Krebs, wie ich vermutete. Doch hoffte ich, während der OP zu sterben. Ich wollte nicht mehr auf dieser Welt sein, ich war nicht glücklich. Nach Jesus Christus sehnte ich mich. Er ist gut, Er ist Liebe, Er gab sein Leben am Kreuz, um die Menschen zu retten.

Ohne die OP wäre ich erstickt. Doch in meiner Sehnsucht nach dem himmlischen Glück sah ich während der Operation ein strahlendes Licht, wie ein hellerleuchteter Tunnel. In jenem wunderbaren hell erstrahlenden Licht stand eine

Lichtgestalt. Ein Engel oder Christus? Meine Seele wollte zu Ihm, doch mein noch lebender Körper hielt sie fest. War es ein Traum, war es Wirklichkeit? Kann man während einer Operation träumen? Nein!

Tage vergingen. Ich bekam eine Entzündung. Wieder musste ich eine OP über mich ergehen lassen. Danach zehn Tage lang, dreimal am Tag flüssiges Antibiotika in die Vene. Seitdem habe ich Asthma. Die Lunge war nicht mehr gesund.

Jahre vergingen, keine besonderen Vorkommnisse. Außer dass ich Menschen zu Jesus Christus führen wollte, um sie vor der Verdammnis zu bewahren, indem ich christliche Kalender sowie Traktate in Seebach verteilte. Auch bei meinen ungläubigen Verwandten. Sie wollten nicht verstehen. Selbst christliche Flyer wirkten bei ihnen nicht. Satan hielt sie fest. Sie bemerkten es nicht. Sie sagten sich: »Ich habe noch Zeit.« Die Zeit läuft und läuft, bis es zu spät ist.

Psalm 23 – Muttis Heimgang

2007 lag meine Mutter im Krankenhaus am Sterben. Ihr Körper war zu schwach, auch ihr Herz. Der Tod griff nach ihr. Alle meine Verwandten besuchten sie tagelang, auch meine Söhne, mein Mann und ich.

Immer war das Krankenzimmer voll. Doch bevor es mit meiner Mutter zu Ende ging, fügte es Gott, dass ich mit ihr alleine sein konnte. Er wollte ihre Rettung durch seinen Sohn Jesus Christus. Ich sollte etwas für sie tun, was meine Mutter von meinem Sohn Chris abgelehnt hatte, ihr den Psalm 23 vorlesen. Ein Beweis, dass sie noch nicht errettet war. Ein Christ freut sich über Psalm 23. Ich las ihr diesen Psalm vor, betete für sie zu Gott um Vergebung ihrer Sünden, wenn es auch nur kleine waren. Da ich mir nicht sicher war, ob sie errettet war durch Christus, weil sie nicht selbst um Vergebung bitten konnte, nahm ich ihre Hand und betete unter ihrem Namen um Vergebung und Gnade für ihre Seele. Es war mir egal, ob ich mir schadete. Es ging um Mutti, um sie alleine. In jenem Moment war mir meine Seele nicht wichtig. Meine Mutter musste durch Jesus Christus gerettet werden, das war wichtig. Sie sollte im Himmel glücklich sein. Nachdem ich mich von ihr verabschiedete, sie auf die Wange küsste, was sie wahrscheinlich nicht bemerkte, denn sie reagierte nicht darauf, ging ich. Sie schlief. Im Flur des Krankenhauses begegnetem meinem Mann und mir Reinhard (mein Bruder), seine Frau, meine Nichte Ina mit ihrem Mann. Ich wies sie auf Muttis Errettung hin. (Jeder muss es für sich selbst vor Gott tun, um Vergebung bitten.)

Zu Hause betete ich bei Gott Vater und Jesus Christus um Vergebung, da ich mich vor ihnen als meine Mutter ausgegeben hatte. Denn dies darf man nicht tun. Es ist eine große Sünde.

Während des Gebetes spürte ich ihre Vergebung in meinem Herzen und dankte ihnen. Dies mit Mutti schrieb ich hier nieder, damit meine ungläubige Verwandtschaft endlich erwacht und Gottes Nähe begreift.

Engel

Es war das Jahr 2008. Ich saß vor dem Fernseher, schaute die Doku »Ghost Hunters« im 4. Programm, was es heute nicht mehr gibt, an. Eine Aufnahme der Geisterjäger erschreckte mich sehr, denn der Geist sah zum Fürchten aus. Um jenes zu vergessen, legte ich die Bollywood-DVD »AAJA NACHLE – komm, tanz mit mir« in den DVD-Player. Diese schöne, flotte Musik bzw. die Tänze sollten meine Gedanken in eine gute Richtung lenken, mich erheitern.

Im ersten Moment gelang es, doch erschrak ich zum widerholten Male. Ich sah links zum Fernseher, rechts neben mir auf dem Couchtisch erstrahlte ein hellblaues Licht. Ich sah in jene Richtung. In diesem strahlenden Licht erschien ein zarter, durchsichtiger Arm mit einer zarten Hand und Fingern.

War es ein Geist, der mich erschrecken wollte? Meine Furcht wich, als ich erkannte, dies konnte nur der schöne Arm eines Engels sein. Er bewegte sich auf eine rosa Blume zu, die den Tisch schmückte. Ein roter Pralinenkasten lag auf dem Tisch. Er bewirkte, als ob der Engel ein rotes Armband trug. Das hellblaue Licht verschwand, stattdessen schwebte der zarte, durchsichtige Arm in einer sehr hellen angenehmen Lichtwolke. Natürlich beobachtete ich diese Erscheinung so lange, bis sie verschwand. Es war meine Absicht, diesen herrlichen Anblick zu genießen. Was ich auch so empfand. Nach dieser Engelerscheinung fiel mir ein, ich hätte an diesem Arm weiter aufwärts blicken sollen. Vielleicht wäre mir der Engel in seiner vollkommenen herrlichen Gestalt erschienen. Alle meine Engelerscheinungen schrieb ich in den Geschichten »Die Geliebte des Nephilm« sowie »Marie und das Fräulein von der Brandenburg« nieder. Wo ich falsch erwähnte, die Engelerscheinungen seien nicht von mir, um mich vor ungläubigen Menschen zu schützen. Auch Omas Erscheinung war wahr usw.

2010 ließ ich mir aus meinen »Fantastischen Liebesgeschichten« ein dickes Heft machen, ging damit zum Buchhandel »Thalia« in der Karlstraße in Eisenach. Der Chef gab mir Adressen von Verlagen, doch mit der Bemerkung, er würde niemals mein Buch verkaufen, obwohl er nicht einmal in die »Fantastischen Liebesgeschichten« hineinsah. Er wusste nichts vom Inhalt und notierte meinen Namen. Was hatte er gegen mich? Ich war freundlich zu ihm. Mit seinen Adressen konnte ich nichts anfangen. Sie wollten 3000 bis 6000 Euro. Meine

Bibliothekarin aus Seebach gab mir die Adresse eines Verlages, der billig war. Sie druckten die Bücher nach Bestellung. Es war das Jahr 2011.

Mein Verlag veröffentlichte die fantastischen Liebesgeschichten unter dem Titel »Marie und das Fräulein von der Brandenburg – Vampire (Fantastische Liebesgeschichten)«. Der Buchhändler von »T...« legte mein Buch nicht zum Verkauf aus. Es war ihm zu billig. Er verdiente kaum etwas daran. Dicke, teure fantastische Bücher lagen auf seinen Tischen. Die anderen kleineren Buchläden hatten mein Buch zum Verkauf liegen, doch nur ein halbes bis ganzes Jahr. Dann verschwand es im Regal. Sie legten auch nur die dicken teuren Bücher aus. Gut, dass es das Internet gibt. Amazon verkauft meine Bücher. Viele Menschen sind von meinem Buch begeistert. Weil die Geschichten von Anfang an spannend und Kurzgeschichten sind sowie zum Teil wahr. Ich bin die »Marie«. Manche Frauen, die mein Buch kauften, machen sogar Werbung damit, auch mündlich. Sie sind der Meinung, es muss verbreitet werden. Lichten es farbig ab und hängen es über Packtische von Verkaufsstellen aus. Dies sind wahre Freunde. Ich hatte sie nicht darum gebeten. Auch Lilli legte Werbematerial für mein Buch in ihrer Pension in Lauchröden aus.

Freundin Inge W.

Ich lebte ein einfaches Dasein, wie es viele Menschen tun. Fand eine Freundin, die das goldene Licht ihres Engels manchmal erblickte, den Engel jedoch selbst nicht. Sie ist im Tierschutzverein, engagiert sich für den Verein. Eigentlich war sie es, die mich fand. Es war ein Gebet an Gott, was ihr erfüllt wurde. Sie suchte eine Gleichgesinnte, fand mich. Es war Gotteslenkung, in der Kirche. Meine Freundin sah eines Nachts einen Engel in Mönchskleidung. Dieser weibliche Engel saß auf ihrem Bett, hielt die Seele ihres verstorbenen Hundes im Arm. Meine Freundin streichelte das Fell ihres Hundes, es war weich. Näheres zu erfahren durch die wahre Erzählung meiner Freundin Inge W. in diesem Buch.

Eines Tages hatte sie ein furchtbares Erlebnis. Vor ihren Augen verschwand wie in einer Vision der Flurboden. Satan wollte ihr Furcht einflößen, er hatte ihr dies Bildnis vorgegaukelt. Sie zitterte, stand in einem leeren Graben. Jedoch ihr lieber Engel ergriff ihre Hand, nahm ihr die Angst und führte sie über den verschwundenen Flur in das Zimmer, wo sie hinwollte. Sie sah ihren Engel nicht, spürte nur seine Hand. Eines Tages teilte

Gott ihr telepathisch mit: »Anfang und Ende waren zuerst eins. Sie sind dann aber allmählich auseinandergetrieben und dazwischen entstand die Zeit. Alles, was wir tun, hat immer zuerst einen Anfang und auch ein Ende. Bei Wiederholung einer bestimmten Sache bildet sich ein Kreislauf. Anfang und Ende kehren immer wieder zurück. So entstand die Welt. Der Mensch ist auf der Erde, um sich zu vervollständigen, wird aber keine Vollkommenheit erreichen.« Ich glaube Inge, sie ist eine von Gott auserwählte Christin. Diese Sätze kann sich kein Mensch ausdenken, nicht solche gut gewählten Worte.

Genaueres von diesem Flurboden zu lesen in diesem Buch. Inge W. wünschte es sich. Sie schrieb diese von ihr vollkommene Wahrheit auf und ich setzte es ins Buch, auf ihren Wunsch.

Im Sommer sah ich selten ein Taubenschwänzchen. Ein Insekt, was den Nektar der Blumen mit seinem Rüssel saugt. Es entzückte mich so sehr, dass ich einen Vers über es dichtete: »Taubenschwänzchen, du verzauberst mich. Anmutig fliegst du von Blüte zu Blüte, saugst mit deinem langen Rüssel den Nektar. Wunderschön bist du anzusehen, ähnelst einem Vögelchen. Deine zarten Flügel flattern wie die eines Kolibris. Ihre rauschenden Töne vereinigen sich mit der Luft. Dein Schwänzchen gleicht braun-weißen

Federchen, die im Schein der Sonne blau-weiß wirken. Aus Amazonien und dem Mittelmeerraum bist du zu uns geflogen, uns zu erfreuen. Ich danke dir. Taubenschwänzchen, du verzauberst mich, ich rief dich, du flogst zu mir zurück.«

Das Taubenschwänzchen schwirrte vor meinem Gesicht herum. Es verspürt keine Angst vor Menschen.

In meinem Leben sah ich meinen Ehemann, meine zwei Söhne, Enkel, Bruder, Schwester, Cousine, Verwandte, Bekannte, Freundinnen, zum Beispiel Roswitha und Lilli. So ist das Leben, wie bei vielen Menschen.

Engel in der Kirche

Auch ging ich ab und zu in die Kirche in Seebach. Eines Tages, es war das Jahr 2014, Erntedankfest. Da ich bereits verschiedene Engelbegegnungen aufweisen konnte, versuchte ich die Sichtung eines Engels. Ich wusste, bei Gottesdiensten sind sie anwesend. Auch sagte ich mir, der Altar ist sehr schön und reichlich mit Erntedankgaben geschmückt. Meine Freundin Inge saß neben mir. Jene, von der ich bisher in diesem Buch schrieb. Während die Gläubigen sangen, betete ich zu Jesus Christus, mir seine Christusengel zu zeigen, indem ich zum Altar blickte. Nichts geschah. Ich gab nicht auf, betete weiter. Aus dem Augenwinkel sah ich gegenüber links von mir eine große Gestalt. Ich schaute genauer hin. Eine durchsichtige Erscheinung stand vor der ersten Bankreihe, circa zwei Meter groß. Dieser Engel war mit einem hellgrauen Gewand bis über die Füße bekleidet. Dunkle Haare schmückten sein Haupt. Segnend bewegte er seine Arme über die anwesenden Christen. Sein helles Gesicht ist schlecht zu beschreiben, denn ich sah ihn nur schräg seitlich. Natürlich beobachtete ich diesen leicht über dem Boden schwebenden Engel, bis er vor meinen Augen verschwand. Ich genieße es, wenn sich ein Teil vom Christus-Himmel mir offenbart. Hier war es ein Engel, ein halbes Jahr später sollte es noch herrlicher sein.

Gott sprach

Ein halbes Jahr später – 2015.

Kniend betete ich zu Hause auf dem Sofa zu Gott Vater im Namen von Jesus Christus um Vergebung für meine Schwester und meine Cousine für ihre Sünden, die sie in jungen Jahren begangen hatten. Ich betete lange für sie, dabei schaute ich durchs Fenster gen Himmel. In jenem Moment erscholl eine tiefe Stimme aus dem Himmel, wie tönerndes Erz, und sprach wortwörtlich zu mir: »Ich habe meinen Sohn gegeben, um die Menschen zu retten!« Diese sehr laute Stimme erschreckte mich so sehr, dass mein Herz erbebte. Nur Einer konnte so reden, Gott selbst. Denn nur Er opferte seinen Sohn Jesus Christus für uns Menschen, damit sie einst in die Ewige Seligkeit eingehen können, vor dem Bösen bewahrt werden. (Manche Menschen werden sagen, dies hat sie sich eingebildet.) Eine sehr laute Stimme, die die Ohren schmerzen ließen, kann man sich nicht einbilden. Ich verwunderte mich sehr, dass Gott mich auserwählt, und verkündete es weiter an meine Cousine sowie Schwester und anderen Menschen. Was Gott sprach, heißt nichts anderes, zu Christus zu finden (Joel 3,1) und (Apostelgeschichte 2,17).

Rosenwunder

Ende 2015 starb eine Schwägerin an Krebs. Sie war 70 Jahre, stand mir nahe. In jungen Jahren versuchte ich, sie zu Christus zu führen. Sie wollte nichts von Ihm wissen. Als der Krebs kam, nahm sie Ihn an. Sie ahnte wohl, dass sie bald sterben sollte. Was zum Glück nicht so bald eintraf. Doch in den Jahren, wo sie gegen den Krebs kämpfte, ging es ihr durch die Chemotherapie nicht gut. Der Todesengel erlöste sie von ihren Schmerzen. Er nahm sie mit in die himmlische Ewigkeit. Es war Winter, Minusgrade. Zwei Wochen nach der Beisetzung ihrer Urne ging ich wieder zu ihrem Grab. Blumen waren erfroren, auch die Rosen-bouquets ihrer Kinder. Merkwürdigerweise zeigten die gleichen roten Rosen ihres Mannes keine Erfrierungen, nicht eine einzige Rose. Sollte dies ein Zeichen für ihren Ehemann sein? Dass sie im Christushimmel glücklich ist. Doch wer vermittelte das Zeichen? Ein Engel oder die Seele der Verstorbenen? Ich erzählte meinem Schwager sowie ihrer Tochter von seinen noch lebenden Rosen, um beide zu erfreuen. Außerdem konnte ihr halb blinder Mann, mein Schwager, die Rosen schlecht erkennen. 2017 starb auch er an Krebs.

2016 (Schatten des Bösen)

Als ich 2016 auf einem Poster veröffentlichte, was Gott Anfang 2015 sehr laut zu mir sprach (es ist meine Pflicht), stießen sich manche Menschen daran. Ich schrieb noch: »Lasst euch durch Christus retten.« Der Name »Jesus« ging nicht mehr hin. Zu Hause schlug ich das »Neue Testament« auf. Gottes Antwort an mich war: 1. Korinther 1, 18–31. Die Antwort passte auf die an Gott zweifelnden Menschen. Ich hatte diese Antwort nicht gesucht, die Seite öffnete sich vor meinen Augen.

Am 14. Juli 2016 zeigte der Sender N-TV, wie ein weißer Laster abends am Nationalfeiertag auf Menschen fuhr und dabei durch mehrere Fahrten 85 Menschen tötete, auch Kinder. Viele Menschen wurden schwer verletzt. Bei diesen Bildern des N-TV fiel mir ein sehr großer menschlicher Schatten auf einer hellgrauen Wand oder Mauer auf. Jener unheimliche Schatten zog sich in der ganzen Höhe der großen Mauer oder Wand hin (in der Höhe eines Einfamilienhauses). Wäre es der Schatten eines Menschen gewesen, so hätte man diesen Menschen beim Schatten gesehen. Es war aber nicht so. Es war der unheimliche Schatten des Teufels oder einer seiner »gefallenen Engel«, Dämonen genannt. Er hetzt den IS gegen die Christen auf, wie diesen Mörder im weißen Laster, der von tunesischen Eltern stammte, wie der IS dachte und handelte. N-TV zeigte diesen unheimlichen Schatten nur bis 9:00 Uhr. Ab 10:00 Uhr nicht mehr. Warum?

Am Sonntag, den 06.08.2017, wurde mein Blick auf einen Sessel gelenkt, es war zu Hause in der Wohnstube. Rechts neben dem Sessel schwebte etwas Weißes. Beim genauen Hinsehen erkannte ich es als einen Teil eines Gewandes, welches etwas faltig war. Dieses durchsichtige weiße Gewand war schlecht zu beschreiben, schließlich ist es ein himmlisches Gewebe. War es das Gewand eines Engels? Wollen sich die Engel in ihrer herrlichen Vollkommenheit nicht mehr zeigen, weil ich v... b...?

12. September 2017
Ich wurde im Eisenacher Krankenhaus an einem Narbenbruch operiert. Es war unterhalb des Busens. Die geschwollene Stelle war ca. 8 cm unterhalb der Brust lang, ca. 4 cm breit und 1,5 cm dick. Zwei Tage später, am 14.09., wurde ich be-

reits aus dem Krankenhaus entlassen. Dies sind die Sparmaßnamen der gesetzlichen Krankenkassen. Adio Deutschland, was ist aus dir geworden? Erst zählt das Geld, dann der Mensch. Dadurch brauchte meine Narbe vier Wochen, um zu heilen.

Ich lief mit meinem vollen Einkaufswagen sowie Wagen des Marktes „Nahkauf" zum Standplatz der Nahkaufeinkaufwagen, als ein Auto rückwärts aus dem Parkplatz auf mich zufuhr. Ich versuchte ihm mit beiden Wagen auszuweichen. Nicht so einfach, ich fiel mit meinem Einkaufswagen und saß. Ein junger Mann half mir beim Aufstehen, worauf ich mich bei ihm bedankte. Auch meinen Wagen hob er auf. Zum Glück war nichts zerbrechliches darin. Die Fahrerin aus dem Auto entschuldigte sich bei mir, sie hätte mich nicht gesehen. Als ich mich bei meinem Retter bedanken wollte, da er das Auto anhielt, war er fort.

Inges Wunder

Und nun Inge W. Wunder, auf ihren Wunsch hin schreibe ich sie hiermit von ihr ab. Sie sind sehr interessant.

Inge: »Anschließend möchte ich von den Wundern berichten, die nicht hintereinander auftraten, sondern in größeren Abständen erfolgten. Sie sind mir auch nicht vorher angekündigt worden. So saß ich an einem Sommertag im Garten und betrachtete das Gras. Plötzlich vervielfachten sich die Grashalme in verschiedene Arten. Gleich danach zeigte mir Gott in Sekundenschnelle das Weltall mit seinen Galaxien in unendlicher Weite. Es war sehr still und von schwarzer Farbe. Darüber staunte ich sehr und war von allem fasziniert.«

Weiteres von meiner Freundin Inge W.:
»Bei der Hochzeit meines Sohnes verabschiedete sich eine junge Frau von mir und ich blickte ihr dabei in die Augen. Das linke Auge war etwas größer und die Iris spiegelte leuchtend intensive Farben wider, die mit klaren Linien durchzogen waren, als beim anderen Auge. Später sagte mir mein

lieber Engel, dass die Augen so in der Ewigkeit aussehen.«

Inge W.: »Einmal sah ich im Gras zwei Weinbergschnecken im Liebesspiel. Sie streckten sich beide hoch und schmiegten ihre Köpfe zusammen, als ob sie miteinander schmusten, und hatten dabei einen ganz verklärten Gesichtsausdruck, als ob sie lachten.

Nach Jahren traf ich wieder auf ein Schneckenpaar mit Häuschen, aber ich konnte bei ihnen keine Gesichtsreaktion erkennen.

Vor etwa 30 Jahren musste unser Hund wegen einer unheilbaren schmerzhaften Krankheit eingeschläfert werden. Er sah mir oft bei meinen Gartenarbeiten zu und war mir sehr ans Herz gewachsen. Wir begruben ihn an einem großen Stein im Wald. Ich musste sehr oft an ihn denken und war sehr traurig, dass ich ihn dort nicht besuchen konnte. Eines Nachts bin ich aufgewacht und an meinem Bett sah ich einen weiblich verhüllten Engel, wobei ich kein Gesicht und nur die Umrisse erkennen konnte. Es war auch dunkel im Zimmer, aber ich »wusste«, dass es eine Frau war. Diese hielt im Arm meinen verstorbenen Hund, der freudig mit dem Schwanz wedelte. Ich richtete mich auf, streichelte sein weiches Fell und war sehr glücklich darüber.«

Inge W.: »In den letzten Jahren spürte ich bei meiner Morgenandacht während des Singens mehrmals einige Tropfen Wasser durch meine gefalteten Hände fließen, die dann an meinem Arm bis zum Ellenbogen herunterliefen. Das habe ich nachgeprüft und der Arm war tatsächlich nass. Dabei kann ich Schweißtropfen ausschließen. Es kam auch vor, dass beide Arme davon betroffen waren. Darüber habe ich mich sehr gewundert. Ich habe telepathisch vernommen, dass dies die Tränen eines Geistwesens sind, das Reue zeigt.

Weiß aber nicht, wer damit gemeint ist.

Ich habe auch traurige Wunder erlebt. Beim Treppensteigen ist es mir einmal passiert, dass ich einen kleinen schwarzen Käfer fast zertreten hätte. Gott zeigte mir, wie der Käfer sein Bein hinterherzog und Schmerzen hatte und in einer Nische verschwand. Darüber war ich sehr traurig. Im Fernsehen wies mich Gott auf einen Thunfisch hin, der in einer Fischfangflotte an einer Wand lehnte. Seine großen, tellerförmigen Augen waren so angsterfüllt, dass ich weinen musste.«

Meine Freundin Inge W.: »Folgendes Erlebnis hat mich sehr nachdenklich gestimmt und ich habe bis heute keine Erklärung dafür gefunden. Ich wollte den Abfallbeutel zum Container bringen und betrat den langen Flur unserer Wohnung, der sich plötzlich in einen breiten, leicht abschüssigen Graben verwandelte. Seine beiden Seiten waren unbewachsen und sahen so aus, als ob sie mit einem Spaten abgetragen worden sind. Es war taghell und der Weg führte mich direkt ins Erdinnere hinein, das von einer trüben, verschwommenen moosgrüngelblichen Farbe umgeben war. Dabei hatte ich ein beklemmendes Gefühl, doch ich spürte meinen lieben Engel neben mir, so dass ich keine Angst mehr hatte. Ich kam in einen Raum, der ebenso in dieses undurchdringliche Licht gehüllt war. Trotz großer Anstrengung konnte ich nur die Umrisse eines Tisches und einer Gestalt auf einem Stuhl erkennen. Auf einmal war alles vorbei und ich befand mich wieder am Ende des Flures vor meiner Wohnungstür.«

Inge W.: »In den ersten Jahren meiner spirituellen Entwicklung erlebte ich auch eine außerkörperliche Erfahrung, bei der ich nicht bemerkte, wie meine Seele ausgetreten ist. Mein lieber Engel führte mich in den Himmel und ich sah viele Menschen auf einem großen Platz, die um einen Tisch standen und sich mit Gesellschaftsspielen vergnügten. Sie lachten und waren so glücklich dabei. Plötzlich stand ich wieder vor meinem Körper und er fühlte sich wie Stein an, der sich nicht bewegen ließ. Voller Panik rief ich nach meinem lieben Engel und daraufhin befand ich mich wieder in meinem Körper.

Gott zeigte mir auch einen Teil seines Energiefeldes in Handgröße, das ich mit offenen, aber auch mit geschlossenen Augen sehen konnte. Darin gab es keinen Unterschied. Dieses Energiefeld entwickelte sich zunächst ganz allmählich aus meinem rechten Blickwinkel und wurde dann stärker, zog durch den ganzen Raum. Die goldenen Zacken verliefen nicht starr, sondern sie bewegten sich auch ineinander zu verschiedenen Dreiecken und vereinten sich in einem Bogen. Davon war ich ganz begeistert. Das Gold war von einer blanken Intensität und durchsichtig wie Kristall, wie ich das vorher noch nie gesehen hatte. Nur ein einziges Mal konnte ich seine Energie auch in wunderschönen, klaren Regenbogenfarben sehen, die er mir in der Größe unseres Doppelbettes darauf zeigte.

Das war eine herrliche Pracht und ich dankte ihm dafür und war sehr glücklich! Sein goldenes Energiefeld bekomme ich auch heute noch zu sehen, das ganz unverhofft erscheint.«

Inge W.: »Als sechsjähriges Mädchen bin ich an einem Bauchdeckenabszess operiert wurden und hatte dabei ein Nahtoderlebnis. Ich erinnere mich noch genau, ich saß auf den Knien eines wunderschönen freundlichen Mannes mit langen weißen Haaren, der auch ein langes weißes Gewand trug. Ich legte meine Arme um seinen Hals und sagte, ich heirate dich einmal. Daraufhin lachten alle Umstehenden.

Manchmal bekomme ich auch wunderschöne, leuchtende Farben in Royalblau, hellem Gelb und wenig Schwarz zu sehen, die wie Wolken ineinanderfließen und in ständiger Bewegung sind.«

Dies waren einige übernatürliche Erfahrungen meiner Freundin Inge W. Sie waren es wert, aufgeschrieben zu werden.

Gabe Gottes

Meine Erscheinungen sind auch keine Halluzinationen. Halluzinationen erscheinen vor einem und nicht links oder rechts von einem. Die Engel bzw. Erscheinungen sind also real, da sie links und rechts von mir erscheinen, (keine Spinnerei) von Gott gesandt. Zu sehen durch die Gabe Gottes. Oder die Zirbeldrüse vorne am Gehirn wird aktiviert. Oder durch das Gottesgen, oberhalb der Zirbeldrüse? (siehe N-TV Fernsehen). Das Gottesgen wird aktiviert, wenn Christen beten. Oder durch Nahtoderfahrungen (siehe Buch »Erkundung der Ewigkeit« von J. Steve Miller, Seite 372, Anhang 6, Nr. 9). Oder alles zusammen bewirkt die Gabe Gottes. Engel nicht rufen. Denn nicht alle Engel kommen von Gott, deshalb rede ich nicht mit ihnen (Vorsicht).

Eine romantische Liebesgeschichte

Leicht öffnete sich die Tür zu seinem Haus. Sie sah ihn an. Ein Lächeln huschte über ihr Gesicht. »Ich freue mich, wenn ich Sie sehe.« »Ich auch«, war seine Antwort. Er lächelte sie an.

Später als sie wieder sein Haus betrat, ging er auf sie zu, lächelte sie an. Seine Augen verrieten alles. Sie wusste Bescheid. Er wollte, dass sie bei ihm ist. Sie sah ihn bejahend an, denn er gefiel ihr vom ersten Tag an, wo sich ihre Blicke trafen. Er nahm ihre Hand, zog sie an sich. Sie spürte seinen zärtlichen Kuss auf ihre roten Lippen. Halblange, leicht gewellte kupferfarbene Haare mit einem etwas rötlichen Schimmer, wenn die Sonnenstrahlen darauf fielen, umrahmten ihr Antlitz.

Glücklich strahlten ihre blauen Augen, als sie sich umarmten und küssten. Sie hatte ihre Liebe gefunden. Ihn, den sie schon Jahre suchte, ohne es selbst zu wissen. Ihre Wange lag an der seinigen. Innerlich bebte ihr Körper im Glücksgefühl, sich anschmiegend an diesen Mann mit seinen schönen schmalen langen Augen und dunklen kurzen Haaren. Mit ihrer ganzen Seele liebte sie ihn.

Lange konnte sie ihn nicht sehen. »Wenn die Sonne den Mond ablöst, liebliche Strahlen dein Gesicht berühren, dann eile ich zu dir und liebe dich«, sang sie. –
Die Schatten der Nacht verschwanden, da lag sie in seinen Armen und sie liebkosten sich. Ihre Sehnsucht nach ihm verflog, denn sie war bei ihrer großen Liebe. Ihre Küsse benetzten sein schönes Angesicht. »Ich liebe dich, mein Geliebter, ewig werde ich dich lieben. Auch im Himmel, wo wir einst zusammen sein werden, jung und in unserer jugendlichen Schönheit. Denn die Seele altert nicht, sie ist immer schön und jung bei Christus«, hauchte sie. Er berührte sie, streichelte und küsste ihren Busen. Sie ergaben sich der Lust ihrer Liebe, ihrer Gefühle, als er sie leidenschaftlich küsste. Die Strahlen der Sonne brachen sich in den Wipfeln der Bäume.
Vögelchen saßen auf ihren Zweigen. Sie zwitscherten liebliche Weisen zu der beiden menschlichen Liebe. In inniger Liebe verschmolzen ihre Seelen, denn sie waren glücklich vereint.

Später lagen sie in einem Himmelbett. Zärtliche Küsse benetzten seine Wangen. »Ich liebe dich. Meine Seele verlangt deine Umarmungen,

Geliebter. Mein Mund sehnt sich nach deinen weichen Lippen, den leidenschaftliche Küsse vollenden. Ich verliere mich in deinen wunderschönen Augen.« Brennend heiße Küsse berauschten seine Sinne. Ihre Berührungen verwandelte seine Liebe in Leidenschaft. Er presste seinen Mund auf ihre vollen roten Lippen. Seine sie betörenden Augen durchdrangen ihr Herz. Eine sie immer stärkere wachsende Liebe zu ihm erfüllte ihre Seele. »Ich liebe dich«, flüsterte sie. Ihre Wange ruhte an der seinen.

Zärtliche Küsse landeten auf seiner unbehaarten Männerbrust, die sich zum Rhythmus des Atems bewegte. »Mein ganzer Körper sehnt sich nach deiner Umarmung. Meine Liebe zu dir ist unsterblich«, seufzte sie. Sie liebten sich. Die strahlenden Sterne am Firmament des Himmels blickten auf die sich Liebenden. »Ich liebe dich«, sanft klang seine Stimme.

Es verging einige Zeit. Sie konnten sich nur selten sehen. »Auf den Schwingen der Liebe eilt meine Seele zu dir, einst werden wir zusammen glücklich sein. In Gedanken umarme ich deinen schönen Körper und küsse dich, Geliebter«, sang sie leise zum Fenster hinaus. Die Strahlen der Sonne streichelten ihr Angesicht. Je mehr sie ihn liebte, umso größer wurde die Sehnsucht nach ihm. In ihrer Nähe drang das Singen eines

Vogels zu ihr. »Nachtigall in den Zweigen«, antwortete sie, »sing lieb Vögelchen sing, sing von meiner Liebe, flieg zum Liebsten hin, sing von meiner Sehnsucht, lieb Nachtigall fliege zum Geliebten hin.«

Sie sang weiter: »Im Himmel, wo wir glücklich sind, dort warte ich auf dich, mein Liebster. Sing lieb Nachtigall sing, singe von meiner Liebe zu ihm, sing lieb Vögelchen sing. In Gedanken sehe in dein schönes Antlitz. Deine Augen strahlen wie die Sterne direkt in mein Herz hinein. Wann sehe ich dich wieder, Geliebter? Sing lieb Nachtigall sing, flieg zum Liebsten hin.«

»Liebe ist wie ein Flüstern des Windes in den Zweigen der Bäume, ein Flüstern der Sehnsucht nach dem Geliebten.«

Liebe ist keine Sünde.

Doch strebt nicht danach wie Gott zu sein. Dies kann nur einer, Jesus Christus, Sein Sohn.

Er hat das Göttliche in sich. Der Mensch nicht, oder doch?

Satan wollte wie Gott sein, er wurde gestürzt. Ihn erwartet die Hölle. Er möchte viele Menschen mit hineinziehen. Erst nach der 1. Auferstehung der Christen werden wir wie Christus sein. (Phil. 3,20–21) Hätte der Mensch das Göttliche in sich, könnte er sich selbst heilen. Wenn er denkt, er hat sich selbst geheilt, dann war es Gott. Wir bekamen Selbstheilungskräfte von Gott, aber haben wir deswegen Göttliches in uns? Auch Tiere haben Selbstheilungskräfte. Zaubert nicht.

Offb. 21,8 – Neues Testament. Betet zu Gott Vater, unseren Schöpfer. Wenn ihr Jesus Christus angenommen, in Seinem Namen.

15. Oktober 2018

Ich sah »Akte X«. Trotz Spannung ermüdete ich, obwohl ich nicht im Dunklen, im Sessel saß. Ein Fehler von mir. Im Sessel werde ich müde. Rechts neben mir bemerkte ich einen grau-schwarzen Nebel.

»Was soll das«, dachte ich, sah genauer hin. Ein schattenhaftes dunkles Männchen mit spitzer Nase, welches seine Finger gekrümmt hielt, verschwand in jenem Moment, als ich es erblickte. Es sah mich nicht an. Ich hatte mich beim Anblick dieser dunklen Gestalt nicht gefürchtet, brauchte ich auch nicht. Habe ich doch Jesus Christus – Sohn Gottes, Heiland, Erlöser, Retter, Beschützer, Sieger über Satan und Satans Dämonen, meinen Herr Jesus. Ich hatte Christus angenommen, ich gehöre Ihm. Ich brauchte keine Angst zu haben. Jenes dunkle Wesen wollte mir Furcht einflößen, was ihm nicht gelang. Doch ich möchte ihm nie wieder begegnen.

6. Februar 2020

Ich stand vor dem Spiegel im Bad, wusch mein Gesicht. Im Spiegelschrank gegenüber vom Waschbecken und Spiegel, wo ich hineinsah, spiegelte sich deutlich ein dunkler, leicht abgerundeter, spitzer Kopf, der nur oberhalb zu sehen war. Ich sah ihn nur im Spiegel über dem Waschbecken sich spiegeln. Ich fragte mich, wie kann sich etwas neben meinem Gesicht spiegeln, was eigentlich nicht da war. Wieder sah ich hin. Der Kopf war neben meiner Frisur in gleicher Höhe. Als ich mich daraufhin vor den Spiegel des kleinen Schrankes stellte, war nur noch mein Gesicht zu sehen. Ich blickte abermals in den Spiegel über dem Waschbecken, der halbe Kopf von hinten mit den dunklen Haaren spiegelte sich immer noch im Spiegel des Spiegelschrankes. Ich erkannte das Muster der Fliesen hinter dem Kopf, also stand ein Engel links neben mir. Ich hatte keine Angst. Die Spiegelung verschwand. Ich sah den Engel lange, also keine Einbildung. Auch der Engel von 1991, der damals an meinem Bett stand, und der Engel in der Kirche (2014) hatten beide dunkle Haare.
  Eigenartigerweise, wenn ich nach Jahren

denke: »Es wird mal wieder Zeit, dass sich ein Engel mir zeigt«, erscheint er nach circa zwei Wochen, ohne dass ich weiter an ihn dachte. Jedoch zeigt er sich mir nicht in seiner vollkommenen Gestalt. Dies war erst ab 2014. Ich bin es nicht wert, ich bin eine Sünderin. Jesus Christus nimmt die Sünden weg, wenn ich ihn bitte (1. Johannes 1,9), doch sie kommen wieder. Die Erscheinung vom Oktober 2018 gehört nicht dazu. An jene dachte ich nicht, diese war kein Engel.

8. August 2020

Es war bereits vom Sonnenlicht hell im Zimmer. Ich schlug die Augen in Richtung Truhe auf. In jenem Moment verschwand ein deutlich sichtbarer Schatten mit Hut (einfacher Hut), der hinter der Truhe stand.

Dämonen versuchten mir weiszumachen, es wäre der Geist von G. E., denn ich hatte G. E. 1967 im Kaufhaus Steppke kennengelernt, wo er so einen Hut aufhatte, wie der Schatten, nur dass Kais Vater einen grauen Hut trug. Vielleicht war es nur eine Einbildung, da ich oft an G. E. denke, als helle Seele. Ich werde ihn im Himmel finden, wenn ich Gott im Namen von Jesus Christus zu Lebzeiten darum bitte. Satan hasst es, dass ich ab und zu christliche Traktate verteile, um Menschen zu Christus zu führen. Deshalb schickte er mir diesen Schatten, auch die Erscheinung vom 15. Oktober 2018. Bei beiden brauchte ich mich nicht zu fürchten, hatte keine Angst, habe ich doch Jesus Christus. Mit Seiner Hilfe warf ich den Dämon später aus dem Fenster. Nicht ich war es, sondern Jesus Christus. Er war es, da ich vorher zu Ihm betete. Zuvor schlief ich noch circa eine Stunde ruhig. Wenn ich das »Böse« vertreiben möchte, dann nur »Im Namen von Jesus Christus«.

Anders geht es nicht. Es war das dritte Mal.

Das erste Mal vertrieb ich 1982 mit Hilfe von Jesus Christus (man muss sagen: »Im Namen von Jesus Christus verschwinde Satan, Dämonen und alle bösen Geister«, sich bekreuzigen.) Vorher Jesus Christus um Beistand, Schutz bitten. Er hilft. Als mein Sohn Chris 1982 mit elf Jahren in der Kirche getauft wurde, griff ein Dämon Satans Chris in der Nacht an. Das Böse ließ Chris sehen, als ob die Wand neben seinem Bett auf ihn zukam. In seiner Angst kam Chris zu mir ans Bett. Mein Mann hätte Chris nicht helfen können, er war zu dieser Zeit noch kein Christ. Ich war wütend auf den Dämon, weil er es wagte, ein unschuldiges Kind anzugreifen. Durch Jesus Christus bekam ich keine Angst vor Satan oder seinen Dämon. Ich ging ins Kinderzimmer und vertrieb mit Hilfe von Christus den Dämon aus dem Zimmer, indem Christus mit mir den Dämon zum offenen Fenster drängte, immer wieder das Gleiche sprechend. Das Böse verschwand durch das Fenster. Ich sah ihn nicht, wollte es auch nicht. Nachdem das Zimmer vom Bösen gereinigt, ging ich zu meinem Sohn Chris. Im Gottvertrauen legte er sich in sein Bett, er schlief ein. Ob er in der Zeit, als ich im Kinderzimmer war, in meinem Bett lag, weiß ich nicht mehr. Auch ich vertraute Gott, war doch Jesus Christus bei Chris. Hätte ich dieses Vertrauen nicht, wäre Chris bei mir im Bett gewesen. Wenn ich darüber nachdenke, hätte Chris bei mir schlafen müssen, um ihn zu schützen. Doch sein größter Schutz war und ist zum Glück Jesus Christus.

»Betet im Namen von Jesus Christus zu Gott Vater und Jesus Christus wird es tun.« (Johannes 14,13–14)

Jesus Christus vertrieb den Dämon, nicht ich. Christus beschützte Chris und mich. Mein ältester Sohn Kai war an diesem Tag, als sich Chris taufen ließ und auch die Nacht in Lauchröden bei meiner Mutter, da Ferien waren. Er blieb ein paar Tage dort.

(Bitte verzeiht die schlechte Art der Ausdrücke. Doch um alles genau zu erklären, ging es nicht anders.)

Ich sah Jesus Christus nicht.

Heilig Abend,
24. Dezember 2020

Lichterkette trotz Corona

Keiner machte in der Wirtsgasse 1–19 mit, jedoch im F.-E.-Ring und vor der Kirche. Die Glocken läuteten drei Minuten ab 18:00 Uhr. Ich stand mit der brennenden Kerze (gehört zur Lichterkette) vor dem Eingang, hörte die Christen vor der Kirche »Stille Nacht ...«, Evangelium nach Lukas Kap. 2 wie Gottes rettende Liebe als Mensch auf die Welt kam (Jesus Christus).

Alles sprach ich laut mit, auch ein dankendes Gebet an Gott für unseren rettenden Jesus Christus. Wir hatten alle den gleichen Zettel zum lauten Ablesen. Danach Weihnachtslied und Segen für die Menschen.

Zum Abschluss läuteten die Glocken zehn Minuten. Beim Läuten ging ich zurück zur Wohnung. Einige Stunden später belohnte mich Gott. Ich las die gleiche Weihnachtsgeschichte (Lukas Kap. 2). Während des lauten Lesens sah ich aus dem linken Augenwinkel neben mir einen Teil des göttlichen Lichtes ungefähr eine halbe Hand groß, wie Goldglitter in der

Luft glitzern schwebte. Ich las dabei die <u>wahre</u> Weihnachts<u>geschichte</u> laut von Christi Geburt weiter, auch las ich ein christliches Gedicht. Das schwebende göttliche Licht war nur beim Lesen dieser Geschichte neben mir, ein Zeichen von Wirklichkeit.

Wahrheit, dass Jesus Christus der Sohn Gottes, unser Retter, Erlöser ist. (Johannesevangelium 14,6)

Jesus Christus spricht: »Ich bin der Weg, die Wahrheit und das Leben, niemand kommt zum Vater (Gott) als nur durch mich.«

Bitte denkt darüber nach, nehmt Gottvater, Jesus Christus in euer Herz auf, bereut eure Sünden vor Gott im Namen von Jesus Christus, bittet um Vergebung.

Vergebt, damit euch Gott vergibt. Dies ist alles wichtig, um in den Himmel (andere Dimension) zu kommen.

Die Sünde trennt den Menschen von Gott.

Warum wollen viele Menschen unseren Heiland Jesus Christus nicht? Er, der <u>aus Liebe</u> zu uns, sich für uns am Kreuz opferte. Große Nägel durchdrangen <u>Sein</u> Fleisch, <u>Seine</u> Knochen bei lebendigem Leibe.

<u>Tausend Qualen</u> erlitt Jesus Christus, damit wir im göttlichen Himmel ewig glücklich sind. Bevor Er ans Kreuz geschlagen wurde, peinigte man Ihn. Indem sein Rücken mit Peitschen blu-

tig geschlagen wurde, und <u>immer wieder</u> trafen die Peitschen mit <u>voller Wucht</u> <u>Seine blutenden Wunden</u>. Wenn ich an diese Qual denke, die Jesus Christus für uns erleiden musste, füllen sich meine Augen mit Tränen, mein Herz blutet, und Menschen lehnen Ihn ab.

Sie wollen nicht zu Ihm in den Himmel. Sie wollen lieber in der ewigen Finsternis als ruheloser Geist herumirren. Möge Gott sich Ihrer erbarmen. Hoffentlich gibt es die Hölle nicht.

Gott möge sich der Menschen (Seelen) erbarmen.

Ein Engel öffnete die Türe

Mit »Heilig Abend, 24. Dezember 2020« wollte ich meine Autobiographie beenden, doch ich hatte am 21. März 2023 ein besonders glückliches Erlebnis, was es wert ist, mit in diese Biographie hineinzuschreiben.

21. März 2023: Ein Engel öffnete die Türe. Ich war auf dem Weg zur praktischen Ärztin. Da ich meinen Einkaufswagen fuhr, ging die schwere Türe von der Straßenseite schlecht auf. »Ziehen« stand an der Türe. Ich zog, zog auch den vollen Einkaufswagen hinter mir durch die leicht geöffnete Tür. Die schwere Türe klemmte den Wagen ein, ich musste sehr ziehen. Oben bei den Arzthelferinnen, mit dem Fahrstuhl angekommen, meldete ich mich an.

Da mir noch ungefähr eine halbe Stunde Zeit zur Verfügung stand, fuhr ich mit dem Fahrstuhl in den Flur, dabei den Einkaufswagen. Konnte auf die Straße, indem ich diese schwere Türe aufdrückte, »drücken« stand geschrieben. Dieses Mal erschien sie mir leichter, da drücken leichter ist als ziehen. Eine automatische Selbstöffnung hat diese Türe nicht, noch nie gehabt. Jedes Mal, wenn ich zur Ärztin wollte, ging sie nie alleine auf. Ich lief mit dem Einkaufswagen um die Ecke zur Reinigung, die sich neben der Apotheke befand. Als ich zurück zur Ärztin ging, stand ich wieder mit dem Einkaufswagen vor der schweren Türe. »Jetzt geht das wieder los«, so ähnlich dachte ich. Ich wollte die geschlossene Türe öffnen, kam nicht dazu. Sie ging alleine bis zum Anschlag auf. Mir war es nun ein Leichtes, mit dem Einkaufswagen durch die Öffnung zu fahren. In der Mitte des Flures angekommen, schloss sich die Türe. Ich sah es, da ich zurückschaute. Diese Türe hatte keine Automatik, wer öffnete sie? Es konnte nur ein von Gott gesandter Engel sein oder mein Schutzengel. Es war kein Mensch in der Nähe, auch kein Wind. Doch ein Getöse kam vom Himmel, was den Engel begleitete, und nur ich vernahm es. Wäre eine andere Person bei mir gewesen, auch sie hätte es gehört. Ein Wind kann eine geschlossene schwere Türe nicht öffnen. Warum darüber reden, es war kein Wind, keine Automatik an der Türe. Ich bedankte mich bei Jesus Christus und dem Engel für diese Hilfe, später auch bei Gott Vater. Denn er ist unser aller Vater, Schöpfer. Ihm gebührt der oberste Rang. Um die Zweifler zu beruhigen, befragte ich die Chefin der Apotheke, auch die Ärztin, ob diese Haupteingangstüre, rechts neben der Apotheke, eine Automatik-Selbstöffnung besitzt. Sie alle sagten »nein«. Sie bestätigten dies, was ich schon immer wusste. Ich bin und war noch nie eine Heilige. Trotz allem kam ein Engel, um mir zu helfen. Zuerst hörte ich das Getöse aus Richtung Himmel hinter mir, danach öffnete der Engel die Türe. Ihr Zweifler, denkt bitte darüber nach, danke. Jesus Christus ist unser Retter. Er opferte sich am Kreuz für uns. Öffnet euer Herz für Ihn, denn Er ist Gottes Sohn.

Irmgard Harras,
aufgewachsen in Lauchröden,
nahe der Brandenburg